팝송과 영화로 배우는

영어와 문화

Learning English & Culture Through Pop Songs & Films

신명희 지음
강필운 감수

성진미디어

팝송과 영화로 배우는 **영어와 문화**

저 자 | 신명희
발행인 | 채희선
발행처 | 성진미디어
발행일 | 2019년 03월 08일
등 록 | 제311-2010-23호

전 화 | 02)374-4363(대표)
팩 스 | 02)375-4362
주 소 | 서울시 은평구 증산동 248 중앙하이츠상가 B101호

ISBN 978-89-98308-35-3

값 15,000원

머리말

팝송과 영화로 배우는 365일 영화속 사랑 이야기

여러분께서 이 책의 첫 페이지를 넘기기 전에 제가 한 가지 질문을 하고 싶습니다. 지금까지 몇 년이나 영어 공부를 해 오셨나요? 6년? 10년? 제가 이 질문을 드린 이유를 벌써 눈치 채신 분들도 계시지요? 아마 이 세상에서 영어공부 만큼 가성비가 떨어지는 것이 또 있을까요? 영어 10년 공부 뒤에 느낀 제 소감입니다. 그래서 짧은 시간에 영어를 이미 마스터하신 여러분이라면 이 책을 덮으셔도 됩니다.

이 책은 제 고민과 노력의 결과물입니다. 그래서 오랜 시간 영어 공부를 했는데도 아직까지 영어라면 왠지 자신이 없고 두려운 여러분들과 제 경험을 같이 나누고 싶어서, 부끄럽지만 자신있게 여러분 앞에 <팝송과 영화로 배우는 영어와 문화>를 선보이게 되었습니다.

봄(사랑의 속삭임), 여름(사랑의 약속), 가을(사랑의 색깔) 겨울(사랑의 랩소디)로 이어지는 사계절의 길을 따라 걸어가 보세요. 절대 뛰거나 급하게 서두르지 마시구요. 조금씩 그리고 천천히 걸으면서 영어와 호흡을 맞추고, 여러분의 입과 귀가 매일 매일 영어에 익숙해진다면 비로소 여러분은 영어가 뭔지를 알게 되고, 영어와 친해지게 될 것입니다.

여러분의 멋진 성공을 응원합니다 !!

저자 신명희

저자 및 감수 소개

팝송과 영화로 배우는 365일 영화속 사랑 이야기

저자: **신명희**

한국외국어대학교 영어과에서 영어교육학 전공으로 문학박사 학위를 받았다. 현재 한남대학교 탈메이지 교양교육대학 교수로 재직하고 있다. 저서로는 『Job Communication』(2014), 『네이티브처럼 말하기』(2016), 『영화로 배우는 영어와 문화』(2017)가 있으며, 「How to Use Artificial Intelligence in the English Language Classroom」, 「Effects of Project-based Learning on Students' Motivation and Self-efficacy」, 「Study on Lower level Students' Learning Styles」 외 교양영어 교수법에 관한 연구 논문들을 국내 및 해외저널에 다수 발표했다.

감수: **강필운**

한국외대 스페인어과를 졸업하고 스페인 외무성 장학생으로 선발되어 스페인 마드리드 국립대학교에서 스페인 황금세기 문학 연구로 문학박사 학위를 받았다. 현재 한국외국어대학교에서 스페인 문학과 문화에 관한 강의를 하고 있다. 저서로는『신비주의 문학의 이해』(1996), 역서로는『수사학의 역사』(2001), 『모두가 창녀다』(2007), 『세상 밖으로 배낭을 꾸려라: 아르헨티나에서 콜롬비아까지』(2012), 『구스만 데 알파라체』(2012)가 있으며, 스페인 황금세기(16~17세기) 문학과 시학, 수사학에 관한 논문을 다수 발표하였다.

Contents

A. Spring / Whisper of Love

Contents

Contents

C. Fall / Colors of Love

Contents

D. Winter / Rhapsody of Lovers

Spring / Whisper of Love

영화 <Intern> 속 명대사

"Needed to live humanly it is very simple.
Someone to love and to work, Only these two."

"인간답게 사는 것은 아주 간단해요.
사랑하는 사람과 할 일, 이 두 가지뿐이죠"

"You're never wrong to do the right thing."
"옳은 일을 하는 것이 결코 잘못된 것은 아니다."

Episode 1 Love and work, work and love. That's all there is.

Ben: Freud said, "Love and work, work and love. **That's all there is.**" Well, I'm retired and my wife is dead.

My wife's been gone for three-and-a half years. I miss her in every way.

And retirement - that is an ongoing, relentless effort in creativity.

At first, I admit, I enjoyed the novelty of it. Sort of felt like I was playing hooky.

I applied to be one of your interns because the more I think about this idea, the more tremendous I think it is. I have a ton of knowledge I can share. I love the idea of having a place I can go to every day. I want the connection, the excitement, I want to be challenged and I guess I might even want to be needed. The tech stuff might take a bit to figure out, I had to call my nine year old grandson just to find out what a USB connector was... but I'll get there.

I'm eager to learn. Also, want you to know, I've been a company man all my life. I'm loyal, I'm trustworthy and I'm good in a crisis. I read once, musicians don't retire. They stop when there's no more music in them. Well, I still have music in me. Absolutely positive about that.

* Love and work, work and love: 사랑하고 일하고, 일하고 사랑하고.
* That's all there is: 그게 내 삶의 전부입니다.
* That is an ongoing, relentless effort in creativity:
  - ongoing: 계속되는
  - relentless: 수그러들지 않는, 맹렬한
* I enjoyed the novelty of it:
  - novelty: 새로움, 참신함, 신기함
* I was playing hooky: play hooky: 수업을 빼먹다(땡땡이치다)
* I have a ton of knowledge I can share: 나눌 수 있는 지식이 많이 있습니다.
  - a tone of : 엄청난, 많은
* I'm trustworthy and I'm good in a crisis:
  - trustworthy: 신뢰할[믿을] 수 있는
  - be good in: ~에 능하다
* I'm good in a crisis: 나는 위기에 강하다.

* musicians don't retire: 뮤지션들은 은퇴하지 않습니다.
* They stop when there's no more music in them: 그들 안에 음악이 더 이상 없을 때 그들은 멈춥니다.
* I still have music in me: 제 안에 아직 음악이 있습니다.
  - 여기서 music은 passion(열정) 같은 것입니다.

Episode 2 Class of 65

W1: We want to make sure we both find the right fit.
Business as usual is not really our motto.
So we hope you have some fun here.
This is first time we are hiring senior interns, so some of our intern questions may not exactly fit your profile.
But we are going to go for it, anyway, okay?

Ben: Fire away!

W1: Okay good! Where did you go to school?

Ben: I went to North Western.

W1: Hey, My brother went to North western.

Ben: Probably not at the same time.

W1: Probably not. He graduated in 2009

Ben: Class of 65'

W1: What was your major? Do you remember?

* Fire away~

질문 하세요~ 어서 말 하세요 ~

* Where'd you go to school?

- Where did you go to school? 어디서 학교 다니셨어요?

* Probably not at the same time: 아마도 같은 때는 아니겠죠.

※ "아마도"라는 표현은 probably, maybe, possibly, perhaps 등이 있고 각각 다른 상황에서 사용됩니다. 또한 'Yes' 혹은 'No' 일수도 있는 상황을 나타내는데 'Yes'의 가능성이 높을 때 probably를 사용합니다(probably: 80% 정도 그럴 것이다) 반면 확신이 없는 상태. 반반의 가능성의 경우(50% 정도 그럴 것이다)에는 maybe, possibly 또는 perhaps를 사용합니다.

* Class of 65: 65학번

(우리나라는 입학년도로, 미국은 졸업년도가 65년임을 의미합니다)

* What was your major? 전공이 뭐지요?

- What are you studying?

Episode 3 You nailed it!

W2: And after North Western, You went on to..

Ben : I went to work for Deck one.

W2: Okay and they made..

Ben: Phone books.

I was in charge of overseeing the printing of the physical phonebooks

I did that for over 20 years before that I was VP of Sales and Advertising.

W2: So, Do they still make a phone book?

I mean, doesn't everyone just google number?

Ben: I believe, they do. Before google, that was how you got a number

W2: I know, Yeah. I get it.

....

M: So 40 years at the phone book company. That was amazing!

Okay, Benzamin, Now I'm gonna ask you one of our more telling question for all of our interns.

So I want you to, like, this is the one to really think about, okay?

And take your time. Where do you see yourself in 10 years?

Ben: When I'm 80?

M: Yeah, sure. Yeah, whatever.

Wait. Did not realize you were 70.

That question just doesn't work for you

Should we just scratch that one and just move on?

Ben: Sure, It's your call, Justin.

M: Okay, that one is gone.

You are great, by the way, so great.

You clearly more than qualified for this job. You are actually, like, way overqualified, and we were so impressed.

You had great interview, great video.

You nailed it, Ben. Congrats.

You are an intern.

* I went to work for Deck One.

저는 Deck One에서 근무했어요.

※ work in 다음에는 회사나 조직의 이름을 쓰지 않습니다.

- I work in Deck One.(X)

- I work for[at] Deck One.(O)

* I was in charge of overseeing the printing.

- be in charge of: ~를 책임지다.

- overseeing: 감독

* Should we just scratch that one and just move on?

  그걸 없애고 그냥 넘어갈까요?

  - scratch : (긁어서 어떤 표시 등을) 없애다.

  - move on (to something): 다른 주제로 넘어가다.

* It's your call, Justin.

  좋을 대로 하세요.

  - Pease do whatever you like.

* You nailed it. 합격입니다.

  - Nail it : 합격하다. 성공하다. 해내다

  = You made it!

Episode 4 Looks like you're stuck with me

Jules: Well, then, **looks like you're stuck with me.**

Ben: Great, I'm excited.

Jules: I will e-mail you when I have something for you to do.

Ben: Or I could just stop by a few times a day, check in...?

Jules: I'll e-mail you. Also, don't feel like you have to dress up.

I mean, we're super cas(casual abbrev) here.

Ben: Well, I'm comfortable in a suit, if it's okay.

Jules: No, it's fine.

Davis: All right!

You staying?

Ben: Can't leave before the boss leaves, Davis.

Davis: Looks like you're gonna be here a while

All right. See you in the morning, Ben.

Have a good night.

Ben : You too.

* looks like you're stuck with me:

- look like: ~처럼 보이다.
- stuck with: stick with somebody/something: ~의 곁에 머물다

* When I have something for you to do: 당신이 할 일이 있으면

- to부정사 의미상 주어: for + 목적어 형태
- to부정사의 의미상 주어는 for 혹은 of를 사용합니다.

  for는 대부분의 to 부정사의 의미상 주어에 사용하지만 of의 경우에는 가주어와 진주어 사이의 형용사가 사람의 성격이나 감정을 나타내는 표현이 올 때 사용합니다.

ex) It is a book for you to read.

It is kind of you to do so.

* just stop by a few times a day:

- stop by: come by: drop by: 들르다
- a few times a day: 하루에 몇 번

ex) three times a day: 하루에 세 번

* don't feel like you have to dress up

- don't feel like: 하고 싶지 않다.
- feel like something/ feel like ~ing: ~하고 싶다.

* we're super cas(casual abbrev) here:

- super casual: 상당히 캐주얼 한.

* I'm comfortable in a suit: 저는 정장이 편합니다.

- in: 의상, 가방, 등을 착용한

ex) I'm comfortable in heels.

* Can't leave before the boss leaves: 상사가 퇴근하지 않으면 퇴근 할 수 없습니다.

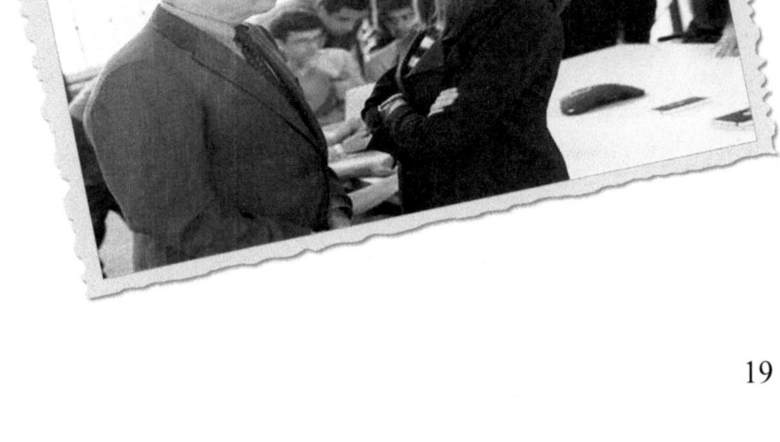

♣ 영화 속 문화 이야기

〈미국에서의 인간관계〉

'정'이란 한국어에 적절한 영어 표현을 찾기가 어렵습니다. 우리나라 사람들은 정이 많다고들 하는데, 이 말은 다른 사람들과의 유대관계를 굉장히 중요하게 생각한다는 뜻이기도 합니다. 각종 결혼식, 장례식, 돌잔치, 명절 등 우리는 다른 사람들과의 관계 유지를 위해 많은 시간과 돈 그리고 노력을 쏟습니다.

미국에서는 결코 남의 일에 크게 간섭하지 않습니다. 친척 관계라 할지라도 민감한 문제에 있어서는 충고나 조언 하는 것을 조심스러워 합니다. '실례'라고 생각하기 때문이죠. 미국이라는 나라는 이민자들의 나라라서 다양한 사람들이 살고 있어서 누가 뭐라고 하든지 그건 그냥 그 사람의 인생일 뿐 자신을 그들과 크게 결부 시키지 않습니다. 그렇기 때문에 상대방의 나이나 신상 정보에 대해서도 우리나라처럼 당연시하게 물어보지 않습니다.

미국사람들은 낯선 사람과 친구의 차이가 크지 않습니다. 처음 보는 사람도 절친한 사람처럼 이야기를 나누는가 하면 그 다음날 언제 그랬냐는 듯이 차갑게 대하기도 합니다. 물론 그들도 친한 친구와 덜 친한 친구들이 있지만, 친한 친구가 우리나라의 죽마고우 같은 정도로 가까운 느낌은 없습니다. 미국에 오게 되면 한국과 달리 미국 친구들을 사귀는 것이 쉽지 않다는 것을 느끼게 됩니다. 우리나라에서는 술자리에서 몇 번 만나서 같이 한잔하고 통성명 한 다음 휴대폰 문자나 카톡 몇 번 주고받으면 금방 친해질 수 있지만 미국에서는 그럴 기회가 많지 않습니다.

♥ Think Aloud

- American Individualism
- Self-reliance

Episode 5 The best reason to carry a handkerchief is to lend it

Davis: Busy man about town! What is in all these drawers?

Ben: Boxers, t-shirts, pocket squares, handkerchiefs...

Davis: Okay, what's the deal with the handkerchief?

That one I just don't get, at all.

Ben: It's essential. That your generation does not know that is criminal.

The best reason to carry a handkerchief is to lend it.

Davis: Hmm.

Ask Jason about this. Women cry, Davis. We carry it for them.

One of the last vestiges of the chivalrous gent.

Davis: Ah well the, it's different than a...

Ben: I know you want to hang, but I have to get some sleep, kid.

I'm pooped. 'Sleep tight'.

Davis: Good Night Ben. Will you wake me in the morning?

Or is it too much to ask? My parents always...

Ben: Too much.

Davis: Understand. I'll just set an alarm on my phone. I hope I can hear it. I'm such a deep sleeper.

Ben: Oh my god. I'll wake you.

Davis: Thank you! Love you, Not kidding!

Ben: I love you too. Now go to bed.

* What is in all these drawers?: 이 서랍들 안에 뭐가 있나요?
* pocket squares: 양복에 장식으로 꽂는 손수건
* what's the deal with the handkerchief?: 손수건에 무슨 문제가 있나요?
* It's essential: 필수지요.
* our generation does not know that is criminal:
  - criminal: 범죄
* The best reason to carry a handkerchief is to lend it:
  - the best reason: 최고의 이유
  - to carry a handkerchief: 손수건을 가지고
  - to lend it: 빌려 주려고
* One of the last vestiges of the chivalrous gent: 예의바른 남자의 최후의 흔적 중 하나지요.
  - vestiges: 흔적(trace)
  - chivalrous: 예의바른 (특히 남자가 여자에게 예의바른, 정중한)
  - gent: 남자, 신사
* I know you want to hang: 어울리고 싶어 하는 것 알아요.
  - hang (around): 어울리다, 놀다
* I'm pooped: I'm exhausted: 녹초가 되었어요.
* Sleep tight: 잘 자.

- Sleep well: 잘 자.

* I'm such a deep sleeper: 잠을 워낙 깊게 자서요.

  - such a + 형용사 + 명사

  - so + 형용사 + a + 명사

  정말 ~한 ~!

Episode 6 Word travels so fast

Cameron: Hey, how we doin'? Did you look over the material on Atwood?

Jules: Yeah, I did. Uh, he had a great run at Travelocity and Citigroup, and I get it. He's major.

Cameron: He is. And the best thing about him is he's been watching us, and he loves what we're doing. But he's only one of the names on the list.

So if you don't like him, we move on. But, Jules, try to be open.

He's supposed to be brilliant. And the VCs love him. A lot.

Jules: Mark Zuckerberg never brought in a CEO, and he was a teenager.

Jules: Okay. Oh, thanks, but you don't have to. I can open the door.

Jules: Okay, so this shouldn't take more than an hour. But if you can't stay here, I'll call Becky, and then she'll find you, and then you can just pull up...

Ben: Don't worry. I'll be here.

Jules: I think I forgot to eat today.

Ben: Should I pick you up some sushi?

Jules: No, I eat too much mercury. I'll be fine. I'm good. I'm actually kind of nauseous, so...

Ben: That was fast.

Jules: Not fast enough.

Ben: Oh, I picked you up some soup from a place I know.

Jules: Thanks.

You really didn't have to do... Oh, my God, that smells so good.

Ben: Good.

Jules: **Word travels fast.**

Cameron: Pretty short meeting.

Jules: Yeah. I hated him.

* look over : 검토하다, 살펴보다

* He is major: 그는 전문가에요

보통 우리나라에서는 어느 분야에 뛰어난 사람을 '베테랑'이라 하는데, 영어에서는 'veteran' 보다는 'expert'라는 표현을 더 많이 사용합니다.

* VCs love him: 벤처 투자자들이 많이 좋아해요.

  - VC: Venture Capital

* pull up: 차를 대다, 멈추다

  ex) pull up your car!

* forgot to: 앞으로 할 것을 잊다.

  - forgot ~ing: 과거에 한 것을 잊다.

* mercury: 수은

* nauseous: 역겨운, 메스꺼운

  - disgusted

* smell good: smell(2형식 동사) + 형용사

  2형식 동사 taste, sound, look, feel + 형용사 보어

* Word travels fast: 소문이 정말 빨리 돈다. 우리말로 '발 없는 말이 천리 간다'.

Episode 7 I thought he was a condescending

Jules: **I thought he was a condescending,** sexist know-it-all who did not seem to get what we do at all. And, honestly, I think he would run our business in a completely inorganic way that would lose us all the customers we have killed ourselves to get.

Oh, and I think that he would replace us as soon as he got the chance.

Oh, and... The man never blinked. An Olympian non-blinken.

Cameron: Okay, then.

Jules: Yeah. See you in the am.?

Cameron: Be there or be square.

Jules: I'm sorry.

Cameron: Hey, don't be.

Jules: I just wanted to say thank you for helping out with Mike today and for getting me chicken soup. Oh, and for cleaning that mess. That was awesome. Seriously.

Ben: You're very welcome.

Jules: It's okay. I really won't bite.

Ben: You started this business all by yourself a year and a half ago, and now you have a staff of 220 people.

Remember who did that.

Ben: And I hate to say it, but try to get some sleep.

Jules: So how was your day?

Paige: Kind of okay. But you know what? Maddie said she didn't wanna be my friend anymore.

Jules: AW! You know what? I don't think she meant it. She'd miss you too much.

Matt: I'm startin' to think that Maddie is bipolar.

* condescending: 거들먹거리는

* know-it-all: 아는 척하는

* inorganic: 융통성이 없는

* The man never blinked: 눈 한번 깜빡거리지도 않았어.

* An olympian non-blinken: 세계 신기록 감이었어요.

* See you in the a.m.: 오전에 봐요.

* Be there or be square: 나오기나 해, 오든지 말든지 알아서 해.

  - 명령문 + or: ~해라 그렇지 않으면~.

  - square: 고리타분한 사람

  - Be there or be square: 나오기나 하세요. 그렇지 않으면 고리타분한 사람입니다.

* for cleaning that mess: 난장판을 치운 것도(감사하다).

  - 앞의 동사 Thank you for에 이어진 표현이다.

* awesome: 굉장한, 멋진

* I really won't bite: 화 안낼게요.

  - bite: 물다[베어 물다]

* all by myself: 오로지 나 홀로.

* get some sleep: 잠자다.

* I don't think she meant it: 진심으로 한 말이 아닐 거야.

* bipolar: 조울증.

Episode 8 I apologize if I overstepped in some way

Ben: Thank you

Jules: You must think I'm demented.

Ben: Not the word I would use, but I was a little surprised when I got the call.
Jules, **I apologize if I overstepped in some way.**

Jules: No. No, no, no, no. Please don't apologize.
You have done nothing wrong. Look, I have a lot going on, and I'm a very private person.
And at first, I don't know, I thought maybe this wasn't gonna work, but I was wrong. Let me get one of those.

* You must think. I'm demented: 당신은 내가 미쳤다고 생각했을 거예요.

  - demented: 화가 나서 미친 듯이 구는.

* Not the word I would use: 내가 사용하던 말이 아니다.
* I apologize if I overstepped in some way: 제가 도가 지나쳤다면 사과드립니다.

  - overstep: 자기 권한의 도를 넘다.

* You have done nothing wrong: 아무런 잘못도 없으세요.
* I thought maybe this wasn't gonna work: 이런 관계가 효과가 없을 것이라고 생각했었어요.

Episode 9 I wish your expressions weren't so transparent

Jules: I get that. I get not everybody could do that, but everybody's not us.
I have faith in us because I believe he still loves me.
And, you know, we've been going through so much that…
God, **I wish your expressions weren't so transparent.**
Some couples do survive these things, you know. I Googled it,
"Staying together after the affair"

And a lot of couples, I mean, a lot stay together.

And anyway, there is something to be said about moving through it and focusing on us and not on the affair.

I don't wanna give up on him. I know him, and I know he knows better.

But I am only human, and I am so mad at him. You know, so much has happened to us so fast.

I think part of me was even expecting this.

Like, you know, he was the more successful one when we started out.

Ben: No, I didn't know that.

* we've been going through so much: 우리는 오랫동안 함께해 왔어요.

- going through: ~를 겪다. ~를 거치다

  ex) She's been going through a bad situation lately.

  (그녀는 최근 안 좋은 상황을 겪고있다)

* I wish your expressions weren't so transparent: 사실이 아니었으면 좋겠어요.

- I wish 가정법: 현실과 반대되는 상상: ~하면 좋을 텐데.

  상상! : 현재와 반대되는 상상일 때는 I wish + 과거

  과거와 반대되는 상상일 때: I wish + 과거완료

  ex) I wish I could speak English well.

  (현재 상황에서 영어를 못하기 때문에 '잘했으면 좋을 텐데' 하고 상상)

  I wish I had met you in my 20's.

  (20대 때(과거)에 만나지 못했기 때문에 '만났었더라면 좋았을 텐데'하고 상상)

- transparent: 투명한

* moving through it and focusing on us and not on the affair: 바람피운 것 말고 둘 사이에 집중하세요.

- focusing on A and not on the B: B말고 A에 집중해.

Episode 10 You can't put a genie back in the bottle

They say you can't put a genie back in the bottle, but we can try, right?

Davis: Hey!

Jules: Hi. Wait, you live here?

Davis: Yeah, Ben's been putting me up until I can find a place.

Oh, should I let him know that you're here?

Jules: That's okay. I'll ring.

Jules: Fiona?

Fiona: Jules! Come on in. I'm just on my way to work.

Ben's right in here. I'll let you two talk.

Ben: Hi.

Jules: Wow. You and Fiona, huh? Who knew.

Ben: She's a great gal. She surprised me last night. She brought over dinner.

It's brand-new.

Jules: Congratulations. I love her.

Jules: So I was ready kinda early this morning, since about 4:00. And Matt and Paige left an hour ago for a field trip, so I thought I'd come by. I hope that's okay.

Jules: Yeah. I just wanted to say I slept on it. I haven't called Townsend yet, but I still feel like it's the right thing to do.

Ben: Well... I didn't sleep so well myself.

Jules: Over this ?

* you can't put a genie back in the bottle: 이미 엎질러진 물은 다시 담을 수 없지요.
  - genie: 요정
  - you can't put a genie back in the bottle: 'genie라는 요정이 병을 빠져나왔을 때 다시 집어넣기가 어렵다'라는 것에서 착안한 우화 표현.
  - '이미 엎질러진 물'이라는 표현을 영어로 표현할 때 보통 'It's no use crying over spilt milk.' 혹은 'What's done cannot be undone'. 이라는 표현도 쓰입니다.
* putting me up: 얹혀살다.
* Let him know: 그에게 알려드릴게요.
  - let+목적어+동사원형 : ~를 하도록 허락하다.
* I'll ring: 제가 전화할게요.
  - ring (동사): 전화하다.

  ex) I'll ring you up later this afternoon.

  = I'll call you later this afternoon.
  - 전화하다: make a call

* let you two talk: 두 분이 이야기 하시게 두다.

* She's a great gal: She's a great girl: 대단한 여자세요.

* I slept on it: 곰곰이 생각해 볼게요.

  -sleep on: ~에 대해 하룻밤 자면서 생각해 보다.

* I still feel like it's the right thing to do: 이게 맞는 일을 하는 것 같아요.

  - feel like: ~하고 싶다.

* Over this? 이것 때문에요?

♣ 영화 속 문화 이야기

〈미국의 노인 복지〉

미국에서 노인은 세 등급으로 분류합니다. 우선 '영 올드(young old)' 65~74세 연령대의 이른바 '젊은 노인'입니다. 다음은 '미들 올드(middle old)' 75~84세 사이의 '중간 노인'을 일컫습니다. 진짜는 '올드 올드(old old)' 85세가 넘는 '늙은 노인'입니다.

한국과 미국의 노인 복지에 대한 온도차가 느껴집니다. 지난주 시니어 절반이 삶에 만족한다'는 보도는 미국이 왜 노인들에게 '천국'인지를 잘 설명해 주고 있습니다. '활력을 느낀다'고 응답한 노인은 전체 조사대상자의 40%나 돼 젊은 층보다 훨씬 높게 나왔습니다. 실제로 질병이나 기억력 감퇴 등을 경험했다는 응답자는 25%에 불과했습니다. 예상과는 달리 대부분 건강하게 노년을 보내고 있어 삶의 만족도가 높습니다.

월스트리트저널이 여러 대학의 설문조사와 연구 자료를 심층 분석해 보도한 내용에 따르면, 미국에서 돈이 없어 불행하다는 노인은 겨우 16%에 지나지 않습니다.

'알파 부머(alpha boomer)'란 말이 존재하는데, 이는 베이비부머들의 사정이 좋다고 해서 생긴 합성어입니다. 미국경제가 최고조에 이를 때 경제활동을 해 은퇴자금이 비교적 넉넉한 편입니다. 이들은 대부분 65세가 넘었으니 '젊은 노인' 세대입니다. 자식들은 이미 장성했거나 결혼을 했을 터. 여윳돈이 많아 지출이 클 수밖에 없어서,

소비시장에선 40대 다음의 '큰 손'으로 대접 받고 있습니다.

미국 복지의 근간은 '활기찬 노년'에 방점이 찍혀있습니다. 누구나 행복해질 수 있는 권리, 곧 '행복 추구권'이 독립선언문에 나와 있는 것만 봐도 알 수 있습니다. 저소득층 노인들에겐 웰페어와 메디케이드를 제공해 누구도 뒤처지지 않는 삶을 보장해주고 있습니다.

영화 <Begin Again> 속 명대사

Episode 11 It just happened

Dave: You're like a mind reader.

Gretta: Who is it for?

Dave: Mim.

Gretta: Mim from the label, Mim?

Mim who we met one month ago, Mim?

Dave: Yeah.

Gretta: Was she in L.A. with you?

Dave: Yeah, I don't know what to say.

It just happened. Maybe it'll go away.

Maybe It'll fade, I have to see it through.

* You're like a mind reader. 너는 독심술사 같아.

* Who is it for? 누구를 위한 거야?

* I don't know what to say. 무슨 말을 해야 할지 모르겠어.

* It just happened. 그렇게 됐어, 일은 이미 벌어졌어.

* go away: 떠나다, 없어지다

- It'll go away. 사라질 거야, 지나가 버릴 거야.

* I have to see it through. 한번 지켜봐야겠어.

Episode 12 I'm not into it

Saul: Thank you, Gretta. Thanks for coming in.

I'm just going to take a moment to talk with Dan for a minute.

Thank you.

I'm not into it. It's a little undercooked for me.

She seems to have kind of an attitude problem and..

Dan: What are you looking for, man?

You want some little teenaged pop star whose moms raising since 2 years old for stardom.

Saul: No, that's not what I'm looking for, but if you know someone..

Dan: Just give me the money to make the demo.

I'll take her into the studio, get a hot producer, get a couple of session musicians, dial the thing out..

And then you can hear what I'm hearing.

And then you can tell me to cuss myself.

Saul: People send us their demos.

It's not the other way around. We don't make demos.

Dan: We're prospectors, man. We're investors.

We're digging for gold.

Saul: Make a tape and well get back to you.

That's the best I can do right now, bro.

* I'm just going to take a moment to talk. 잠깐만 이야기 좀 할게요.

* I'm not into it. 난 마음에 안 들어요.

* uncooked: (음식이) 설익은

  - It's a little undercooked. 이건 완성도가 떨어져요.

  - ready meal: 즉석식품

* She seems to have kind of an attitude problem. 그녀 태도에 문제가 있어 보여요.

  - seems to: ~처럼 보입니다.

    : Seem + 형용사

    + to 부정사 (seem은 2형식 동사)

    : It seems like + 명사

    : It seems that + 문장

* What are you looking for? 뭘 찾고 있어요?

* teenaged: 십대의

* demo: 데모 테이프, 데모 음반 (시범용)

* hot: 잘 나가는, 유명한

* a couple of: 두 사람의, 여러 사람의

* dial: 전화를 걸다

* cuss: 욕하다

  - You can tell me to cuss myself. 저를 욕해도 좋아요.

* It's not the other way around. 다른 방법은 없어.

* prospector: 탐사자, 탐광자

* investor: 투자자

* We're digging for gold. 우리는 금광을 캐고 있어요.

* get back to (somebody): 나중에 ~에게 다시 연락하다

Episode 13 Keep rolling!

Dan: So, I've been thinking.

Why do we even need to rent a studio?

Gretta: Because you need a desk, a live room and sound proofing.

Dan: Laptop, pro tools, a couple of dynamic mics, and the city is our live room.

Gretta: You mean record outside?

Dan: That's right.

Gretta: Like where?

Dan: Everywhere. We don't need a demo.

Let's record an album. Every song we do in a different location.

All over New York City and we do it through the summer.

And it becomes this tribute to this beautiful, fractured

mess of a city, New York.

Gretta: Okay.

Under the bridge on the lower east side.

Dan: Top of the Empire State Building.

Gretta: On rowing boats in the lake in Central Park.

Dan: Chinatown, Cathedral of Saint John the Divine,

in the subway, Harlem, everywhere.

Gretta: So, what happens if it starts raining?

Dan: Whatever happens, we record it.

Gretta: If we get arrested?

Dan: **Keep rolling!** It'll be beautiful.

* I've been thinking. 내가 생각을 해봤어요.
* Why do we even need to~? 우리가 ~할 필요가 있을까? 우리가 왜 ~ 해야 하지?
* sound proofing: 방음, 방음 장치

* through: ~내내

  - We do it through the summer. 우리는 여름 내내 그것을 해요.

* tribute: 헌사, 헌정곡

  - It becomes this tribute to this beautiful, fractured mess of a city, New York.

    그것은 이 아름답고 번잡한 도시인 뉴욕에 대한 헌정곡이 될 것입니다.

* Whatever happens: 무슨 일이 있어도
* arrest: 체포하다
* Keep rolling! 계속 하세요!

♣ 영화 속 문화 이야기

〈Personal space〉

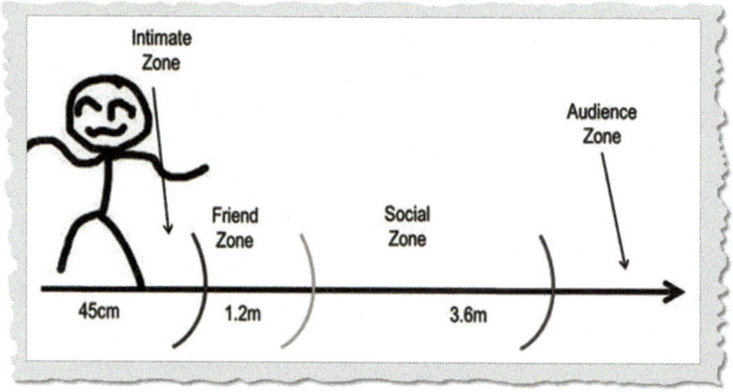

The term 'personal space' generally refers to the physical distance between two people in a social, family, or work environment.

개인의 공간은 남에게 침범 받고 싶지 않는 일정한 물리적 공간을 의미하는 심리학적 용어입니다.

침해당했을 때 분노, 걱정, 불편을 느끼게 되고 생존의 위협까지 느낄수 있는 아주 중요하게 여겨지는 공간입니다. 사적인 공간 뿐 만아니라 공적인 곳에서도 분명히 존재합니다.

인류학자 Edward Hall에 따르면 인간은 자기 주변의 일정한 공간을 자기 것으로 생각하여 무의식적인 경계선을 지니고 있다고 합니다.

1) Intimate space: 아주 친밀한 관계 사이에서만 존재하는 공간입니다. 사랑하는 연인 가족 등을 말합니다.
2) Casual space: 친구 등 잘 알고 지내는 사람들과의 대화 시 허락되는 공간입니다.
3) Social space: 새로운 인맥의 형성을 위한 공간입니다.
4) Public space: 연설 강연 등을 위한 공간입니다.

지하철 버스 등의 대중교통 수단을 이용할 때 누군가의 옆 자리가 비어 있다고 해서 그냥 앉지 않습니다. 꼭 'Excuse me~" 이미 앉아 있는 사람의 개인 공간에 들어가는 것이기 때문입니다.

마트에서 혹은 좁은 길을 지나 갈 때도 역시 꼭 "Excuse me~" 누군가의 개인 공간을 통과하는 것이기 때문입니다.

Culture tip

What body language should be used?

★ Smile

★ Face the person

★ Look attentively at the person's eyes

♣ 미국의 문화 이야기(Spring)

〈Easter〉

부활절(Easter)를 떠올리면 달걀이 가장 먼저 생각납니다. 하지만 성경에는 부활절 달걀에 대한 기록이 전혀 없습니다. 이것은 이교도의 풍습에서 유래된 것인데 고대 이집트인과 페르시아인들이 다산과 새 생명의 상징으로 축제동안에 달걀을 색칠하고 먹는 관습을 가지고 있었다고 기록되어 있습니다. 이방 종교에서 달걀에 관련된 풍습이 많은 것은 춘분 즈음에 열리는 봄 축제 때문인데 봄에는 새로운 생명이 움튼다는 의미로 달걀을 사용한 것입니다. 그런데 그런 이방 종교를 숭배하던 자들이 기독교로 유입되면서 그들의 문화도 함께 들어오게 되고 기독교의 풍습으로 자리 잡게 된 것입니다. 이러한 설명이 설득력을 갖는 이유는 부활절이라는 명칭 때문입니다. 현재 교회의 큰 절기중 하나인 부활절은 성경에 기록된 부활절과는 그 명칭부터 다릅니다. 성경에 근거하자면 부활절이라는 용어는 말 그대로 부활을 의미하는 'The Resurrection day'(부활의 날)로 기록해야 합니다. 그렇지만 현재의 교회들은 부활절을 'Easter'라고 부릅니다. 'Easter'는 튜튼족과 앵글로 색슨족 등 게르만족들이 숭배하던 '봄의 여신'인 Ostara 또는 Eostre에서 유래된 말입니다. '하늘 여신' 또는 '땅에 새 생명을 가져오는 봄의 태양'으로 불리기도 한 이 여신은 왕성한 생식과 다산을 상징했고 토끼와 달걀로 표현되기도 했습니다. 그래서 게르만족의 신화 중에는 봄마다 다산신인 토끼가 나타나

집 앞에 알을 두고 가면 그 집 농사가 풍년이 된다는 신화가 있습니다. 고대 바벨론에는 달걀에 대한 신화가 있었습니다. 유프라테스 강에 큰 달걀 하나가 떨어졌는데 이것을 물고기들이 강 밖으로 굴려냈고 비둘기들이 품어 부화시켰다고 합니다. 여기서 부화한 여신이 이스터입니다. 바벨론에서는 이때부터 달걀이 이스터의 상징이 되었습니다. 이스터 여신을 숭배하는 이러한 사상은 주변 국가로 전파되었습니다. 다양한 이름과 형태로 변형되었지만 달걀이 생명의 탄생, 봄, 풍요, 다산을 상징하는 것만은 변하지 않았습니다. 이집트, 중국, 일본, 인도, 로마, 그리스의 봄의 여신 축제가 열리는 곳에서는 색칠한 달걀을 선물하거나, 교환하고, 제사의 제물로 사용했습니다. 토끼도 마찬가지입니다. 부활절 토끼(Easter Bunny)라고 부르는 이 토끼에는 여러 가지 이야기가 있습니다. 부활절 직전에 교회의 모든 종들이 로마로 날아가서 부활절 토끼와 달걀을 가지고 돌아왔다고 합니다. 그래서 부활절 전 날인 토요일에 종을 울리지 않는다고 하여 Holy Saturday라고 합니다. 이상한 나라의 앨리스같은 신화입니다. 또 다른 신화는 봄의 여인 에오스트레가 늦겨울에 날개가 얼어 죽어가는 새 한 마리를 토끼로 변하게 하여 살려주었는데 이 토끼가 토끼임에도 불구하고 새처럼 알을 낳아 그것이 부활절 토끼와 달걀의 기원이 되었다는 신화도 있습니다.

오늘날 교회에서 부활절에 달걀을 주고받는 관습은 17세기경 유럽의 한 수도원에서부터 시작되어 점차 일반에게 퍼져 나갔습니다.

• Flapped 't'

'Water'를 어떻게 발음하시나요? '워러' 혹은 '워터'?

영국식 발음과 미국식 발음은 많이 다릅니다.

'워러'라고 발음 하신다면 미국 영어의 Flapping 현상을 이해하시면 좋습니다.

강모음과 약모음 사이의 't'는 Flapped 't'로 발음 되는데 /d/ 혹은 /r/로 발음 하게되는 현상입니다.

영국 영어에는 Flapping 현상이 없습니다. 미국 영어에만 존재하는 현상입니다.

자~ 유의해서 발음해 보세요

water [wɔ́:tər, wɑ́tər]
Italy [ítəli]
Ottawa [ɑ́təwə]
native [néitiv]
meter [mí:tər]

• Geminate Consonant

영어에서는 같은 자음이 연속해서 나올 때 그 자음을 한 번만 발음 하면 됩니다.

예를 들어 우리나라의 '짱' 이란 단어를 영어어 표기할 때 쌍 지읒 'ㅉ'이 마치 영어 'Z'를 겹쳐 써 'ZZang'으로 표기한다 하여도 발음은 'z' 한번만 발음됩니다.

ex) summer [sʌmər]는 m이 겹쳐 있다고 해서 '섬머'가 아닙니다. '서머'로 발음 하셔야 합니다.

자~ 유의해서 발음해 보세요

manners [mǽnərs]
challenge [tʃǽlindʒ]
dinner [dínər]
hobby [hɑ́bi]
cabbage [kǽbidʒ]

같은 단어에서 같은 자음이 겹쳐 있는 경우 이외에도 다른 단어 이면서 같은 자음이 연속해 나올 때도 한번만 발음 하시면 됩니다.

ex) gas station [gæs] [stéiʃən]을 [gæ stéiʃən]으로 발음 하시면 됩니다.

자~ 유의해서 발음해 보세요

upside down [ʌpsɑidaun]
this Sunday [ðisʌndei, -di]
with this [wəðis]

All About That Bass

--- Meghan Trainor ---

Because you know. I'm all about that bass

'Bout that bass no treble. I'm all about that bass

'Bout that bass no treble. I'm all about that bass

'Bout that bass no treble. I'm all about that bass

'Bout that bass. Yeah it's pretty clear I ain't

no size two. But I can shake it shake it

Like I'm supposed to do. 'Cause I got that boom boom

that all the boys chase. And all the right junk

in all the right places. I see the magazine workin'

that Photoshop. We know that shit ain't real

C'mon now make it stop. If you got beauty beauty

just raise 'em up. 'Cause every inch

of you is perfect. From the bottom to the top

Yeah my mama she told me. Don't worry about your size

She says Boys like a little. More booty to hold at night

You know I won't be no stick. figure silicone Barbie doll

So if that's what you're into then go ahead and move along

Because you know I'm All about that bass

'Bout that bass no treble

I'm all about that bass 'Bout that bass no treble

I'm all about that bass 'Bout that bass no treble

I'm all about that bass 'Bout that bass

Hey

I'm bringing booty back Go ahead and tell them

skinny bitches that No I'm just playing

I know you think you're fat But I'm here to tell ya

Every inch of you is perfect from the bottom to the top

Yeah my mama she told me don't worry about your size

She says Boys like a little more booty to hold at night

You know I won't be no stick figure silicone Barbie doll

So if that's what you're into then go ahead and move along

Because you know I'm All about that bass

'Bout that bass no treble I'm all about that bass

'Bout that bass no treble I'm all about that bass

'Bout that bass no treble I'm all about that bass

* Because you know I'm all about that bass,
당신도 알다시피, 전 베이스(굵은소리)에 속하는 여자에요.

* I'm all about that bass: 난 베이스가 전부다.
- be all about: ~이 전부다

'Bout that bass 'bout that bass, no treble
베이스에 속하는 여자라고. 고음이 아니고
- no treble: 고음 / 제일 높은 소리, 최고 음역
- I'm all 'bout that bass, 'bout that bass, no treble
저는 베이스만 해요.

* Yeah it's pretty clear, I ain't no size two
분명한 건 나는 사이즈 투가 아니라는 거야.
I ain't no size two.
- ain't: am, are ,is not
- size 2: 미국의 여성 바지 사이즈 2

* But I can shake it, shake it like I'm supposed to do
그렇지만 잘 흔들수 있지, 흔들어야 할 때는
I can shake it.
- shake: 흔들다

* I'm supposed to do.
- be supposed to ~하기로 되어 있다.

* 'Cause I got that boom boom that all the boys chase
남자들이 좋아하는 묵직함을 가지고 있기 때문에

- I got that boom boom:
- boom: 쿵 하고 울리는 소리; (대포·천둥·파도 등의) 울리는 소리
- chase: 좇다, 추격하다

* All the right junk in all the right places

있어야 할 곳에는 모든 것을 다 가지고 있고
junk: 쓸모없는 물건, 폐물, 쓰레기

* I see the magazines working that Photoshop
포토샵으로 뽀샵을 해놓은 잡지를 봤어요.

* We know that shit ain't real
우린 모두 알아요, 그건 진짜가 아니라는 걸.

* Come on now, make it stop
그러니까, 그런 짓 안했으면 좋겠어요.

* If you got beauty beauty just raise 'em up
당신만의 아름다움이 있다면 충분히 살려보세요.

* 'Cause every inch of you is perfect
당신은 모든것이 완벽하거든요.
* every inch of you: 당신의 모든것

* From the bottom to the top
머리부터 발끝까지

* Yeah, my momma she told me don't worry about your size
엄마가 말씀하셨지요, 몸매에 대해 고민하지 말라고

* She says, boys they like a little more booty to hold at night
엄마 말씀이, 남자들은 밤에 만질게 있는 두툼한 엉덩이를 좋아 한다나

* You know I won't be no stick-figure, silicone Barbie doll,
  당신은 알고 있지요, 제가 실리콘으로 만든 비쩍 마른 바비 인형이 아니라는걸
  - stick-figure: 머리 부분은 원, 사지와 체구는 직선으로 나타낸 인체[동물] 그림

* So, if that's what's you're into
  그런 인형이 좋다면

* What's you're into:
  be into: ~에 관심이 많다

* Then go ahead and move along

가서 그런 여자 열심히 찾아봐

* Then go ahead and move along:

- go ahead: 계속 하세요
- move along: 다른 사람에게 공간을 만들어 주기 위해 비키다.

* Because you know I'm all about that bass,

난 베이스 같은 여자야

* 'Bout that bass 'bout that bass, no treble

고음이 아니고 베이스인 여자지

I'm all 'bout that bass, 'bout that bass, no treble

I'm all 'bout that bass, 'bout that bass, no treble

I'm all 'bout that bass, 'bout that bass

* I'm bringing booty back

큰 엉덩이 얘기를 다시 하고 싶어

* I'm bringing booty back:

- bring back: 가져오다
- booty: 전리품

* Go ahead and tell them skinny bitches Hey

가서 삐쩍 마른 애들에게 얘기해 봐

* tell them skinny bitches:
  - skinny: 깡마른

* No, I'm just playing I know you think you're fat,
  장난 아니게, 삐쩍 마른 니들도 뚱뚱하다고 생각하지

* But I'm here to tell you that,
  하지만 지금 너희에게 해주고 싶은 말은

* Every inch of you is perfect from the bottom to the top
  네 몸은 구석구석 모두 아름다워, 머리부터 발끝까지

* Yeah, my momma she told me don't worry about your size
  엄마가 말씀하셨어, 몸 사이즈에 대해 걱정하지 말라고
  - worry about: ~관해 걱정하다.

* She says, boys they like a little more booty to hold at night
  엄마가 말씀하시길, 남자들은 밤에 만질 것이 있는 큰 엉덩이를 좋아한다고 하셨지

* You know I won't be no stick-figure, silicone Barbie doll,
  넌 알꺼야, 내가 실리콘으로 만든 비쩍 마른 바비 인형이 아니라는 걸

* So, if that's what's you're into
  뼈만 남은 그런 몸이 좋다면

* Then go ahead and move along

  가서 그런 여자 열심히 찾아봐

* Because you know I'm all about that bass,

  넌 알지, 난 베이스 같은 여자라는 걸

* 'Bout that bass 'bout that bass, no treble

  고음이 아니고 베이스 같은 여자

♣ 영화 속 문화 이야기

사이즈

Shoes

한국에서는 운동화나 구두를 살 때 몇 mm인지를 알아야 하지만, 미국에서의 신발사이즈는 Size 6, 7 등으로 표시됩니다. 더욱이 남자와 여자, 어린이의 신발사이즈가 다 다르므로 신발을 사기 전에 사이즈의 차이점 및 표기방식을 미리 알아두어야 합니다.

남자의 경우,

Size 6 = 240 mm, Size 7 = 250 mm, Size 8 = 260 mm, Size 9 = 270 mm

여자의 경우,

Size 5 = 220 mm, Size 6 = 230 mm, Size 7 = 240 mm, Size 8 = 250 mm

어린이의 경우,

Size 9 = 150 mm, Size 10 = 160 mm, Size 11 = 170 mm, Size 12 = 180 mm

Clothes

한국에서 바지 사이즈는 보통 허리 사이즈 27인치, 28인치, 32인치 등 인치로 표시합니다. 상의의 경우, 가슴둘레에 맞춰 85사이즈, 90사이즈로 표시합니다. 하지만 미국에서는 인치로 표시되어 있지 않고, 정해진 사이즈로만 표시되어 있습니다.

여자 하의 사이즈

사이즈 별 B(가슴), W(허리), H(엉덩이)인치 관계는 다음과 같습니다.

Size 2 = B32.5, W24.5, H35 인치, Size 4 = B33.5, W25.5, H36 인치,
Size 6 = B34.5, W26.5, H37 인치
Size 8 = B35.5, W27.5, H38 인치, Size 10 = B36.5, W28.5, H39 인치,
Size 12 = B38, W30, H40.5 인치
Size 14 = B39.5, W31.5, H42 인치, Size 16 = B41, W33, H43.5 인치

여자 상의 사이즈

XS = Size 2, S = Size 4 ~ Size 6, M = Size 8 ~ Size 10, L = Size 12 ~ Size 14, XL = Size 16

남자 하의 사이즈

남자 바지에 붙어 있는 택을 보면 34-32 혹은 W31-L34와 같은 숫자가 있습니다. W는 허리 사이즈를, L은 바지의 길이를 표시합니다.

남자 상의 사이즈

남자 상의는 Small, Medium, Large, eXtra Large로 표시하는데, Medium의 사이즈가 실제로는 우리나라의 Large 사이즈와 비슷합니다.

아이 옷 사이즈

2세 미만의 아이 옷은 M(Month)로 표시합니다. 10개월 된 아이라면 10M의 옷을 고르면 되는 것이죠. 만 2살 이상의 아이는 T(Toddler)로 표시하는데, 이 T는 키와 몸무게, 허리둘레에 비례하는 수치입니다. 1.5-2세라면 2T/2를, 3T/3을, 3세라면 4T/4를 구입하면 되는데, 아이의 체형을 고려해 옷을 선택하는 것이 좋을 것 같습니다.

이밖에 한국과 다른 측정 단위는 다음과 같습니다.

1) 길이는 인치(inch), 피트(feet), 야드(yard), 마일(mile)로 표시합니다.
2) 넓이는 스퀘어 피트(squre feet), 스퀘어 야드(square yard), 에이크(acre)로 표시합니다.
3) 무게는 온스(ounce), 파운드(pound), 톤(ton)으로 표시합니다.
4) 부피는 파인트(pint), 쿼트(qurar), 갤론(gallon)을 사용합니다.
5) 미국의 날씨 온도 단위는 모두 화씨(℉)로 되어 있습니다.

• Lost Stars

--- Adam Levine ---

Please don't see just a boy caught up in dreams and fantasies

Please see me reaching out for someone I can see

Take my hand let's see where we wake up tomorrow

Best laid plans sometimes are just a one night stand

I'd be damned Cupid's demanding back his arrow

So let's get drunk on our tears and

God, tell us the reason youth is wasted on the young

It's hunting season and the lambs are on the run

Searching for meaning

But are we all lost stars, trying to light up the dark?

Who are we? Just a speck of dust within the galaxy?

Woe is me, if we're not careful turns into reality

Don't you dare let our best memories bring you sorrow

Yesterday I saw a lion kiss a deer

Turn the page maybe we'll find a brand new ending

Where we're dancing in our tears and

God, tell us the reason youth is wasted on the young

It's hunting season and the lambs are on the run

Searching for meaning

But are we all lost stars, trying to light up the dark?

I thought I saw you out there crying

I thought I heard you call my name

I thought I heard you out there crying

But are we all lost stars, trying to light up the dark?

But are we all lost stars, trying to light up the dark?

* Please see me reaching out for someone I can see

내가 볼 수 있는 누군가에게 닿으려 한다고 봐 주세요.

-Reaching out : ~와 접촉하다, 연락하다, 닿다.

ex) He tried to reach out for me: 그는 나와 접촉하려 하였다.

ex) Our Account team will reach out to you soon:

회계 팀에서 곧 연락들 드릴 것입니다.

* Best laid plans sometimes are just a one night stand.

때론, 최고의 계획은 하룻밤의 지나간 일과 같습니다.

- laid plan : 잘 짜여진 계획

ex) It looks like a well laid plan for vacation.

이 방학 계획표는 아주 잘 짜인 것처럼 보인다.

* let's get drunk on our tears.

자 그러니 우리 함께 슬퍼 해봐요.

- get drunk on tear : 슬픔에 취하다, 슬퍼하다.

* Searching for meaning

의미를 찾으면서 말이죠.

- Search for : ~를 찾다.

ex) These days, every university students is searching for a job. 요즘 모든 학생들은 구직활동을 한다.

* Just a speck of dust within the galaxy?

단지, 우주 속의 먼지인가요?

- Speck : 작은 얼룩, 반점, 알갱이, 입자

* Woe is me, if we're not careful turns into reality.

만약 우리가 현실을 깨닫지 못한다면, 비극이겠죠.

- Woe : 고민, 문제, 비통, 비애
- Turn into + something : ~로 변하다.
- turn into ~ something
- The stairs turn into a slide: 계단은 미끄럼틀로 바뀝니다.

* Don't you dare let our best memories bring you sorrow.

이러한 기억들이 당신을 슬픔으로 이끌도록 하지 마세요.

- Dare : ~할 용기가 있다, 감히 ~하다, ~할 엄두를 내다.

ex) He didn't dare to say what he thought: 그는 감히 자기 생각을 말할 용기가 없었다.

• A Step you can't take back

--- Keira Knightley ---

So you find yourself at this subway

When your world in a bag by your side

And all at once it seemed like a good way

You realized its the end of your life

For what it's worth

Here comes the train upon the track

And there goes the pain it cuts to black

Are you ready for the last act?

To take a step you can't take back

Take in all the punches you could take

Took 'em all right on your chin

Now the countless back is breaking

Again, again

For what it's worth

Here comes the train upon the track

And there goes the pain it cuts to black

Are you ready for the last act?

To take a step you can't take back

Did she love you?

Did she take you down?

Was she on her knees when she kissed your crown?

Tell me what you found

Here comes the rain, so hold your hat

And don't pray to God, cause He won't talk back

Are you ready for the last act?

To take a step you can't take back

Back, back, back

You can't take back

Back, back, back

So you find yourself at this subway

When your world in a bag by your side

* For what it's worth.

그냥 내 생각일 뿐이지만

ex) I prefer this colour, for what it's worth.

그냥 내 생각이지만, 나는 이 색이 더 좋아요.

ex) Look, for what it's worth, I'm sorry about last night.

있지, 도움이 될지 모르겠지만, 어제 밤 일 미안해.

* there goes the pain it cuts to black.

고통이 저 멀리 어둠속으로 사라져가

- Cut to black : 어둠으로 사라지다.

* you can't take back.

돌이킬 수 없어.

- Take back : 돌이키다, 취소하다.

ex) Take back your words, or I won't see you again.

그 말 취소하세요, 그렇지 않으면 다시는 당신을 보지 않겠습니다.

ex) Take back these two tomorrow to where you bought them. 내일 이거 2개 산 곳에다가 다시 갖다 줘.

* it seemed like a good way.

좋은 방향처럼 보였어.

- Seem like + something : ~처럼 보이다.

ex) Doesn't this story seem like a fairy tale?

이 이야기 마치 동화 같지 않나요?

• No One Else Like You

--- Adam Levine ---

Is everything just right

Don't want you thinking that I'm in a hurry

I want to stay your friend

I have this vision and it's got me worried

'Cause everyone wants someone

That's one cliché that's true

The sad truth's I want no one

Unless that someone's you

And looks like you

Feels like you

Smiles like you

I want someone just like you

Through and through

I'm forever blue

'Cause there's no one else like

I hope that you're not mad

You always said you want a man of action

I'm not the hottest lad, no

There's more to life than physical attraction

You got your special someone

But between me and him, guess who

Will spend their whole life waiting

For someone just like you

That looks like you

That feels like you

That smiles like you

I need someone just like you

Love me true

I'm forever blue

'Cause there's no one else like

Woo, woah, woo-hoo

I want you in my arms

I see you in my dreams

I'm gonna make you mine

As crazy as it seems

Girl, you, yes you

I need someone just like you

Love me true

I'm forever blue

Because there's no one else

There's no one else

There's no one else

There's no one else

There's no one else

There's no one else

There's no one else I need

'Cause you're so fine

You're so fine

'Cause you're so fine

You're so fine

'Cause you're so fine

You're so fine

'Cause you're so fine

You're so fine

'Cause you're so fine

You're so finelife

* I want to stay your friend

난 너의 친구로 남고 싶어

- Stay + something : ~로 남다.

ex) She wants to stay single forever.

그녀는 평생 독신으로 살길 바란다.

* it's got me worried.

나를 걱정하게 만드네.

- Got + somebody + 형용사 : ~를 ~하게 하다.

ex) This class got me aggressive for studying.

이 수업은 나를 적극적으로 공부하게 만들었다.

ex) He got me complex.

그는 나를 복잡하게 만들었다.

* Unless that someone's you.

그 누군가가 네가 아니라면 말이야.

- Unless : ~하지 않는 한, ~이 아닌 한

ex) This is unless unlikely an anti-pollution law is passed.

오염방지 법이 통과되지 않는 한 이것은 가능성이 없다.

ex) Unless I'm mistaken, she was back at work yesterday.

내가 잘못 알고 있지 않는 한, 그녀는 어제 다시 출근을 했다.

* I'm forever blue.

나는 아마 평생 우울하겠지.

- Blue : 파란, 푸른, 우울한

ex) He'd been feeling blue all week.

그는 일주일 내내 기분이 우울했다.

* You always said you want a man of action.

넌 항상 행동하는 사람을 바란다고 했잖아.

- Man of action : 행동하는 사람.

* I'm not the hottest lad.

내가 가장 인기 있는 남자는 아니야.

- lad : 사내아이, 청년, 친구들

ex) He's a nice lad.

그는 괜찮은 청년이다.

* Love me true

나를 진정으로 사랑해줘

* As crazy as it seems

미친 것처럼 보이겠지만(들리겠지만)

• Idiom <Education>

1. **copycat**

: someone who copies the work of another

모방하는 사람, 흉내쟁이, 따라쟁이

- copycat crime: 널리 알려진 범죄를 가리켜 말하기도 합니다.

* 유래

cat은 서로의 행동을 모방하는 경향이 있다는 것에서 유래한 것으로 어떤 사람의 행동이나 옷, 태도, 일 등을 모방하는 사람을 'copycat'이라고 합니다. 이는 동사로도 쓰일 수 있습니다.

2. **teacher's pet**

: the teacher's favorite student

선생님이 아끼는 학생, 총애하는 학생

- 원래 애완동물이란 뜻을 가진 'pet'을 사용하여 선생님이 애지중지 아끼는 제자를 teacher's pet이라고 합니다.

3. **pass with flying colors**

: pass something with a high score

높은 점수로 합격하다/통과하다

* 유래

'with flying colors'는 '쉽고 성공적으로' 또는 '의기 양양하게'라는 의미의 표현입니다. 여기서 'colors'는 깃발(flags)을 의미합니다. 직역을 하면 '깃발을 휘날리며'인데, 이 표현은 18세기 이전 영국에서 많이 사용했던 표현입니다. 항해를 하다가 적을 만난 배들은 깃발을 뱃머리에 날리면서 적과 전투를 벌였습니다. 전투에서 승리한 배들은 뱃머리에 여전히 깃발을 날리며 당당히 항구로 들어와 전투에서 승전을 거뒀다는 것을 알렸습니다. 시험 등에서 좋은 성적을 거둔다고 할 때에는 'pass[get through] + 시험 + with flying colors'와 같이 사용합니다.

ex) 'He passed the entrance exam with flying colors.'

그는 입학시험에서 당당히 합격했다

4. **brainstorm**

: try to develop an idea or think of new ideas

아이디어를 짜내다

5. **cut out for something**

: suited for something

~일에 적합한 something 자리에 주로 직업과 관련된 표현을 사용합니다.

ex) She was cut out for being a teacher.

6. **go the extra mile for**

:make a special effort to achieve something

~를 위해 각별히 애를 쓰다.

ex) You really went the extra mile for the project

• Idiom <날씨 관련..>

1. **Raining cats and dogs!**

A: Look! raining cats and dogs!

B: That's right. I'd better stay home.

* Raining cats and dogs: 비가 억수로 오다.

2. **Rain or shine**

A: I will be there, rain or shine.

B: Ok. I trust you.

* Rain or shine: 어떤 일이 있어도, 날씨가 어떻든지~ 하다.

Come rain, come shine = come rain or (come) shine이라고도 한다.

* 유래

It's raining cats and dogs." 표현의 여러 가지 유래가 내려오는데 그 중 하나는 다음과 같습니다.

Houses had thatched roofs-thick straw-piled high, with no wood underneath. It was the only place for animals to

get warm, so all the cats and other small animals (mice, bugs) lived in the roof. When it rained it became slippery and sometimes the animals would slip and fall off the roof. Hence the saying .. It's raining cats and dogs.
1500년대 옛집들은 나무가 아닌 두꺼운 지푸라기더미로 지붕을 만들었고 그곳은 여러 가지 작은 동물(고양이나 개 또는 쥐 등)이나 벌레 등이 살았습니다. 비가 많이 오는 날은 그런 동물들이 미끄러져 지붕에서 떨어졌기 때문에 그런 표현이 생겨난 것입니다.

3. **Under the weather**

A: I Haven't seen you since last Sunday. What's up?

B: I was under the weather. I had backache.

* Under the weather: 몸이 안 좋은.

* 유래

옛날 배를 타고 항해하던 선원들에게서 유래한 말이라고 합니다. 항해 도중에 폭풍우를 만난다면 멀미는 피할 수 없는 불청객입니다. 멀미가 심하면 갑판에서 휴식을 취하곤 하는데 여기서 'Under the weather'가 유래했습니다.

4. **Indian summer**

A: Still very hot here!

B: It looks like another Indian summer.

* Indian summer: 한가을부터 늦가을 사이에 비정상적으로 따뜻한 날이 계속되는 기후 현상을 일컫는 말입니다.

* 유래

초기 백인들은 인디언들을 믿지 못했다고 합니다. 이 말도 믿을 수 없는 가짜 여름을 의미하며 또한 유럽에서는 'Gypsy summer'로 부르며 집시들이 초대받지 않은 손님처럼 뒤늦게 나타난다는 의미에서 유래되었다고 합니다.

Summer / Words of Love

영화 <Mama Mia> 속 명대사

The winner takes it all.

The loser's standing small, beside the victory.

That's her destiny.

이긴 사람이 모든 것을 차지하지요.

패자는 초라하게 승자 옆에 서있고요.

그것이 그녀의 운명이지요.

Episode 14 I'm getting married tomorrow!

Sophie: I missed you. Oh, no...

All: We're... Sophie, Ali, Lisa!

We're the greatest bestest mates!

Ali: I'm tough!

Lisa: I'm tall!

Sophie: I'm tiny!

All: And we're gonna rock this place!

Ali: (Looking at Sophie's ring) Sophie, it's beautiful.

Lisa: I want one.

Ali: He did well, didn't he?

Sophie: I'm getting married tomorrow.

I'm so glad you're here, because I have a secret

and I can't tell anybody else.

Ali: Sophie, you're knocked up?

Sophie: No! No! No!

* bestest: 'good'의 최상급인 'best'에 최상급의 형태인 '-est'를 덧붙인 표현으로, 어법상으로는 부적절하나 가장 좋다는 의미를 강조하기 위해 쓰인 표현.
* We're gonna rock this place!: 신나게 놀자!
  ☞ 'rock' => 흔들리다, 요동치다.* I want one: 나도 갖고 싶어.
  - I want one. one은 그런 종류 즉 반지 갖고 싶다는 의미
  cf) I want it. it은 바로 Sophie가 가지고 있는 그 반지를 가지고 싶다는 의미
* I'm getting married tomorrow: 나 내일 결혼해.
  - get married: 결혼(식)을 하다
  - be married: 기혼
* You're knocked up?: 너 임신했니?

Episode 15 That's a coincidence

Harry: I know who you are.
You're Bill Anderson, aren't you?
Bloke in a boat in Botswana.
Bill: Yes, I am.
Harry: You know, your books are a godsend on dull business trips.
Now, I may look like I'm pondering my securities.
But in reality, I'm trekking across some remote corner of the planet.

Bill: You should try it for real sometime.

Harry: No, certainly. I'll never be the spontaneous adventurer.

Sam: You're a close friend of Donna's?

Bill: No, I haven't heard from her for 20 years.

Sam: Really?

Bill: And then this invite, out of the blue.

Harry: You know, that's a coincidence, neither had I.

Bill: Going about!

Sam: You got it!

Harry: Right, wait!

I've got it. Fine. Fine.

* Bloke in a boat in Botswana: 보츠와나의 어떤 배에 있는 남자

  - bloke: 사람, 녀석(젊은 남자)

  - sheila: 젊은 여자

* your books are a godsend on dull business trips:

  당신의 책들은 내 지루한 출장을 달래줍니다.

  - godsend: 뜻밖의 선물

* I may look like I'm pondering my securities:

  내가 너무 조심스러운 것인지도 모르겠네요.

  - ponder: 숙고하다, 곰곰이 생각하다

* I'm trekking across some remote corner of the planet:

  나는 안전하게 멀리 돌아서 여행합니다.

  - trekking: 여행; 트레킹

* spontaneous: 자발적인, 즉흥적인

* close friend: 사이가 가까운 친구

* out of the blue: 갑자기, 난데없이

* that's a coincidence, neither had I: 나 역시도 안 그랬어요.

  - coincidence: 우연의 일치

  - neither: 어느 것도 …아니다, …도 마찬가지다.

    ex) A: I don't like steak.

    B: Neither do I.

* going about: 시작합시다, 진로를 바꿉시다.

Episode 16 I love being on my own

Sam: I see you kept my bagpipes.

Donna: They're supposed to ward off unwanted visitors.

Sam: Well, you don't need bagpipes to do that.

Donna: What are you doing here, Sam?

Sam: This is our dream, remember?

Villa on the island?

Donna: Yeah, well, this is my reality.

Hard work and a crippling mortgage, shoot!

And a hotel that's crumbling around me.

Sam: Look, I'll help.. let me have a look at this..

Donna: No, that's all right. I can deal my own disasters.

Sam: Why didn't you tell me it was Sophie getting married?

Donna: Well, I don't think it was any of your business.

Sam: Why is she getting married? Settling down on the island?

I mean, if it was up to me, I'd be telling her to go get a life.

Donna: Yeah.

Sam: She's a bright kid.

Donna: I know. But, you know, my daughter has a mind of her own.

Sam: But she's so young. I mean, does she know what she
really wants?
You see, I think part of her just wants to let you know that she isn't going to leave you alone here on your own.

Donna: What do you mean?

Sam: Donna, look. I have two grown children.
I know something about letting go.
If Sophie felt you were okay on your own,
would she want something different for herself?

Donna: Okay, here's the thing.
I love being on my own. I really do.
You know, every morning I get up and I thank god that I don't have some middle-aged, menopausal man telling me how to run my life.
You know I'm free and I'm single, and it's great.

* They're supposed to ward off unwanted visitors.
그들은 불청객들을 가까이 오지 못하게 해야 합니다.
- be supposed to ~: ~하기로 되어 있다
ex) You're supposed to buy a ticket to enter here.
이곳에 들어가려면 표를 구입해야만 합니다.

- ward off: 물리치다, 가까이 오지 못하게 하다

- unwanted visitor: 불청객

* this is my reality: 이건 내 현실이야.

* a crippling mortgage, shoot! 끔찍한 대출, 젠장!

- crippling: 심각한, 주체할 수 없는

- mortgage: 대출, 융자

- shoot: 젠장, 이런

* I can deal my own disasters: 내 일은 내가 알아서 해.

* I don't think it was any of your business: 당신 일이라고 생각 안 해.

- It's none of your business: 당신이 상관할 바가 아니다.

* go get a life: 인생을 개척하러 가다.

- go get: ~을 가서 가져오다

* She's a bright kid: 그녀는 똑똑한 아이야.

- smart: 학습 · 이해 · 판단 · 결단 등에 있어서 영리한

- intelligent: 학습 능력 · 이해력 · 논리적인 사고에 있어서 총명한

- clever: 약삭빠른(부정적인 의미의 영리한)

- bright: 재능이 뛰어난

- brilliant: (특히 젊은 사람이) 똑똑한

* my daughter has a mind of her own: 내 딸은 제멋대로야.

- has a mind of her own: 자기만의 생각을 가지고 있다.

* I think part of her just wants to let you know that she isn't going to leave you alone here on your own:

그녀가 당신을 떠나지 않는 어떤 이유가 있을 거라 생각해.

* would she want something different for herself?

그녀는 다른 인생을 살고 싶어 하지 않을 까요?

* Here's the thing: 내 말 좀 들어봐.

* I love being on my own: 나는 혼자가 좋아.

* middle-aged: 중년의

* menopausal: 나이 들어 신경질적인, 폐경기의

Episode 17 I can't accept this

Harry: Hello.

Donna: Harry, what are you doing here?

Harry: I just wanted to give you this.
Now I realized you'll have had to tighten your belt a bit over the years, bringing up Sophie on your own, and I just wanted to make a small contribution to the wedding.

Donna: I can't accept this.

Harry: No, you'll have to catch me first.

* tighten belt: 허리띠를 졸라매다, 절약하다

* bring up: 기르다, 양육하다

* make a small contribution: 작은 도움을 주다

* I can't accept this: 난 받을 수 없어.

* you'll have to catch me first: 나부터 잡아야 할 거야.

♣ 영화 속 문화 이야기

미국의 양육권〈Custody〉

양육권이란 친권의 내용 중 자녀의 신분에 관한 사항인 보호, 교양, 거소 지정권, 징계, 인도청구권과 같은 내용을 골자로 하는 권리의무를 지칭하는 용어입니다. 그런데 부부가 이혼을 하거나 불가피한 사정으로 인해 이별을 한 경우에는 자녀는 부모 중 한 쪽과 생활을 하게 됩니다. 자녀가 부모 중 누구와 함께 살 것이며 누구의 보호를 받을 것이냐의 문제가 바로 양육권의 문제이고, 이는 자녀의 성장과 복지에 직접적인 영향을 미치는 중요한 문제입니다.

그렇다면 양육권자의 기준은 어떻게 정해지게 될까요? 미국의 경우를 살펴보면 법률에서 다음과 같은 기준으로 양육권자를 선별합니다.

(1) 자녀의 관심사

(2) 자녀의 안전: 자녀의 안전이 보장되는가? 부모 한 쪽 혹은 둘 다 폭력적인가?

(3) 부모와의 유대감: 부모 중 누구에게 자녀가 더 큰 애착을 느끼는가?

(4) 자녀의 건강 및 보건: 자녀의 신체적 / 정신적 건강 상태

(5) 자녀의 선택

(6) 자녀의 주요 보호자: 그 전까지 자녀의 주된 보호자는 누구인가? 현재는 누구인가?

(7) 부모의 경제적 여건: 부모가 자녀를 지원하기 위한 경제적 여건을 갖추고 있는가?

이러한 기준들을 총체적으로 살펴보고 부모 가운데 가장 많은 항목에 기여한 사람에게 양육권이 주어지게 됩니다.

Episode 18 I just wish you'd told me!

Sophie: Sky.

Sky: What's the matter?

Sophie: I've done something completely insane.

All my dads are here for our wedding,

and they all think they're giving me away.

Sky: All your what?

Sophie: I read Mom's diary, and I have three possible fathers.

Sky: But how are they here now?

Sophie: I invited them.

I thought that I would know my dad right away, but I didn't.

I just.. I have no idea.

And now, my mom is gonna kill me, and they're gonna hate me, and you..

Sky: Hold on, hold on.

You invited these guys and you didn't tell me?

Sophie: No, I thought you would try to stop me.

I know I messed up.

Sky: Sophie? Is that what this whole big white wedding is about?

You finding your dad?

Sophie: No, no!

Sky: I wanted to take a boat to the mainland with a couple of witnesses.

And you insisted on this sodding circus so you could play 'happy families'.

Sophie: It's about knowing who I am!

And I wanted to get married knowing who I am!

Sky: That doesn't come from finding your father,

that comes from finding yourself.

And the irony is, I was travelling to find myself.

I put everything on hold for you.

Because I loved you and I wanted what you wanted.

Now, I don't know.

Sophie: You don't know if you love me?

Sky: Of course I love you.

I just wish you'd told me!

* I've done something completely insane:

엄청난 잘못을 저질렀어.

* I know I messed up: 나도 내가 잘못한 거 알아.

* you insisted on this sodding circus so you could play 'happy families':

넌 이 서커스를 고집해서 행복한 가족들 놀이나 하자는 거지.

- sodding: (속어) 빌어먹을
- insist on(upon) something: ~을 주장하다, 고집하다

* I put everything on hold for you: 난 너를 위해서 모든 것을 포기했어.
* I wanted what you wanted: 나는 네가 원했던 것을 원했어.
  - what: (~하는) 것
* I just wish you'd told me: 난 네가 말해주기만을 바랄 뿐이야.

Episode 19 I've done a great job all by myself

Donna: Why are they here then,

if it's not to ruin Sophie's wedding?

Tanya: But I thought you weren't so keen on this wedding.

Donna: I don't want them spoiling it.

They have no right to turn up like this.

What have they ever done for their daughter?

Rosie: Donna, Donna. They didn't know she existed.

Donna: Well, they didn't need to know, did they?

I've done a great job with Soph all by myself.

And I won't be muscled out by an ejaculation!

* ruin: 망치다, 파괴시키다

* I thought you weren't so keen on this wedding

나는 당신이 이 결혼식에 그렇게 관심이 많다고 생각하지는 않았어요.

- keen on: ~에 관심이 많은, ~을 아주 좋아하는

* I don't want them spoiling it: 그분들이 결혼식을 망치는 것을 원하지 않아요.
  - spoil: 망치다
  - 보통 want somebody to~를 사용하는데 여기서는 want somebody ~ing를 사용.
* They have no right to turn up like this: 그들이 이렇게 나타날 권리는 없어요.
  - have no right to turn up: 나타날 권리가 없다
* What have they ever done for their daughter?: 그들이 딸에게 해준 게 뭐가 있어?
* exist: 존재하다, 살아가다
* I've done a great job all by myself: 나 혼자서 잘해왔어.
* I won't be muscled out by an ejaculation!: 소리쳐서 그들을 쫓아낼 수는 없어요.
  - muscle out: 내쫓다, 추방하다
  - ejaculation: 사정, 외침, 고함

Episode 20 Will you give me away?

Bill: How on earth Donna get money to buy this place?

Sophie: She was left some money by old lady she looked after when I was little. Sofia, that I'm named after.

Bill: My great-aunt Sofia?

Sophie: I guess.

Bill: I always heard her money was left to family. How old are you?

Sophie: I'm 20.

Bill: Will you excuse me a minute? Sorry!

Sophie: Bill, wait! Why did your great-aunt leave my mother money?

Bill: I don't know!

Sophie: All my life, there's been this huge unanswered question, and I don't want any more secrecy! Are you my father?

Bill: Yes, I think so.

Sophie: You know what comes next? **Will you give me away tomorrow?**

Bill: Oh, god. Okay.

* How on earth Donna get money to buy this place?

도대체 도나가 어떻게 이곳을 살 돈이 생겼지?

- how on earth: 도대체 어떻게

ex) How on earth you stole my purse? 어떻게 내 지갑을 훔칠 수가 있니?

* She was left some money by old lady she looked after when I was little.

제가 어렸을 때 돌봐주시던 할머니가 유산을 남기셨어요.

- leave money: 재산(유산)을 남기다.

- look after: 돌보다

* Sofia, that I'm named after.

그분 이름을 따서 제 이름이 소피아에요.

- name after: 이름을 따다.

* I guess: 저는 그렇게 생각(예상, 추측)해요.

* Will you excuse me a minute?: 잠깐만 실례 좀 할게.

* unanswered question: 풀리지 않은 의문

* I don't want any more secrecy: 더 이상 모르고 싶지 않아요, 이제는 알고 싶어요.

* You know what comes next?: 이제 무슨 말을 할지 아시겠어요?

* Will you give me away?: 저를 결혼식장으로 데려가 주실래요?

- give away: 신랑에게 인도하다

♣ 영화 속 문화 이야기

〈Marriage Culture〉

신랑 들러리와 신부 들러리

서양에서의 결혼식에는 신랑 측과 신부 측 각각에 들러리가 있습니다. 신랑 들러리는 'Groomsman', 신부 들러리는 'Bridemaid'라고 하죠. 이들은 각각 신랑과 신부의 가장 친한 친구들이나 가까운 사람들로 구성되며 결혼식을 치르는 기간 내내 신랑과 신부의 결혼 진행을 돕습니다. 또한 이들은 단정한 정장 차림으로 신랑과 신부의 결혼을 돋보이게 합니다.

결혼 피로연 문화

우리의 결혼과 마찬가지로 서양의 결혼식에도 피로연과 유사한 전통이 있습니다. 그것을 'wedding reception'이라 지칭하며 본 결혼식을 마치고 나서 하는 일종의 파티입니다. 동양의 피로연과는 달리 3시간에서 그 이상의 시간동안 진행되기도 하며, 진행 순서가 정해져 있기도 합니다. 그 예시는 아래와 같습니다.

(1) 칵테일 타임
(2) 들러리 타임
(3) 신랑 신부 댄스 타임

(4) 파티 타임

파티 타임에서는 신랑이 장모님과, 신부가 시아버지와 함께 춤을 추기도 합니다.

하객

우리나라에서는 최대한 많은 사람들을 결혼식 하객으로 초대하곤 하는데, 서양에서는 신랑 신부 각자의 가장 가깝고 친한 지인들만을 초대하는 일이 일반적입니다. 서양에서는 결혼식에 초대받은 하객들이 자신들이 받은 초대장을 결혼식장으로 지참해서 가야 합니다. 만일 초대장이 없다면 출입을 거절당할 수 있습니다. 또한 당신이 결혼식에 초대되었다면 참석 여부를 분명히 알려주는 것이 기본 예의입니다. 또 한 가지 알아두어야 할 것은 바로 좌석입니다. 일반적으로 초대받은 하객들은 그들의 이름표가 부착된 테이블 자리에 배정받게 됩니다. 그렇기 때문에 다른 사람의 자리에 앉는다면 또 다른 실례가 될 수 있습니다.

결혼 장소

WEDDING REGISTRY
CHECK-LIST

Wants:

Needs:

우리나라에서는 대개 크고 화려한 웨딩홀에서 결혼식을 갖는 것을 선호하는 경향이 있는데, 서양에서는 자신들의 소중한 순간들을 공유할 수 있는 공간이라면 그곳이 어디든 크게 신경 쓰지 않습니다. 예를 들면, 수족관이나 동물원, 시청, 그리고 박물관 등이 있습니다.

혼수용품 등록

대부분의 서양 국가에서는 축의금을 받는 것보다는 혼수용품 등록을 받는 문화가 존재합니다. 결혼 당사자들이 자신이 받고 싶은 혼수용품들을 목록으로 만들어 하객들이 그 물품들을 결혼선물로 지급하는 형식입니다. 혼수용품 등록의 방법으로는 다음과 같습니다. 결혼 당사자들이 원하는 물품 목록을 웹사이트에 올리고 결혼 초대장에 웹사이트 주소를 함께 적어 하객들에게 보냅니다. 그러면 하객들은 웹사이트에 접속해 자신이 선물할 물품에 체크하고 구매를 해서 신랑, 신부에게 전달합니다.

Episode 21 Our secret till then

Sam: Sophie, come here. I know why I'm here.
Why didn't Donna tell me?
How long have you known I'm your father?

Sophie: What? Not long at all.
Sam, listen to me. My mom doesn't know that I know.
So can we wait until after my wedding?

Sam: Who's giving you away tomorrow?

Sophie: Nobody.

Sam: Wrong. I am. **Our secret till then.**

Harry: Oh, my god! I'm your father!

Sophie: Harry!

Harry: Now, that's why sent me the invite.
You wanted your old dad to walk you down the aisle.
Well, I won't let you down. I'll be there.

* How long have you known I'm your father?

내가 아빠라는 걸 안지 얼마나 되었니?

- How long have you p.p.: ~하게 된지 얼마나 되었니?

ex) How long have you been in Korea?

한국에서 산 지 얼마나 되었니?

* Not long at all: 오래되지 않았어요.

* So can we wait until after my wedding?

제 결혼식이 끝날 때까지 기다려 주실 수 있으세요?

- until after: ~ 이후까지

* Our secret till then: 우리의 비밀은 그때까지야.

* walk down the aisle: 결혼식장에 들어가다.

- aisle: 통로

ex) Would you like the window seat or aisle seat?

창가 자리 원하세요, 아니면 통로 자리 원하세요?

* I won't let you down: 실망시키지 않을게.

Episode 22 I wouldn't have had it any other way

Sophie: Do you think I'm letting you down?

Donna: Why would you even think that?

Sophie: Well, because of what you've done.

I mean, the Dynamos, raising a kid,

and running a business all on your own.

Donna: Well, honey, I didn't have a choice.

I couldn't go home, you know.

When I got pregnant, my mother told me not to

bother coming back.

And **I wouldn't have had it any other way.**

My god, look at what we've had.

Sophie: Will you give me away?

Donna: Yeah.

* Do you think I'm letting you down?

제가 실망 시킨다 생각하세요?

- let (someone) down: ~를 실망시키다, ~의 기대를 저버리다

* I mean, the Dynamos, raising a kid, and running a business all on your own.

다이너모스, 아이를 키우고, 혼자서 사업을 한 거 말이에요.

- raise a kid: 아이를 기르다
- all on your own: 전부 다 혼자서

* get pregnant: 임신하다
* bother 괴롭히다, 귀찮게 하다
* I wouldn't have had it any other way:

난 저버릴 수가 없었어. (다른 방법을 찾을 수 없었어.)

* look at what we've had: 우리가 해낸 것을 살펴봐.

♣ 영화 속 문화 이야기

〈이름에 관한 서구 문화〉

유럽과 미국을 비롯한 서구 사회에는 무구한 역사만큼이나 정말로 다양한 이름이 존재합니다. 그리고 그 이름들이 유래된 배경도 가지각색입니다. 그 가운데서 서양에 퍼져있는 이름들의 유래 중 대표적인 예들을 소개하고자 합니다.

성경

서양에 가장 많이 널리 전파되어 있는 종교는 단연 기독교입니다. 그런 만큼 서양의 문화와 서양인들의 생활상 그리고 가치관 등에는 기독교 성격이 많이 녹아 있습니다. 그리고 성경 속 인물들에게서 파생된 여러 가지 이름들이 존재합니다. 남성 이름들부터 살펴볼까요. 여러분은 영어 교과서나 소설 등에서 'Peter'라는 이름을 한 번쯤 찾을 수 있었을 것입니다. Peter는 그만큼 서양에서 흔히 쓰이는 이름으로 그 어원은 예수님의 12제자 가운데 1명인 '베드로'의 이름에서 비롯되었습니다. 또한 12제자 가운데 또 다른 한 명인 '야고보'의 이름에서는 역시나 흔히 쓰이는 이름인 'Jacob'과 'James'가, '요한'은 'John', '마태오'에게서는 'Matthew'라는 이름이 파생되었습니다. 그밖에도 'Abraham', 'Isaac', 'Michael'과 같이 쉽게 찾을 수 있는 이름들이 성경에 나옵니다. 여성의 이름에서도 예수님의 어머니 이름에서 나온 'Mary', 아브라함의 아내의 이름인 'Sarah', 위대한 여성 선지자의 이름인 'Deborah', 노예 신분에서 애굽의 왕이 된 요셉의 어머니의 이름인 'Rachel' 등 수많은 이름들이 성경에서 나왔음을 알 수 있습니다.

그리스 로마 신화

성경 이야기만큼이나 서양 문화가 꽃 피는데 많은 영향력을 가지는 것이 바로 그리스 로마 신화입니다. 그리고 그리스 로마 신화 속 인물들에게서도 현재 흔히 쓰이는 이름들을 많이 찾아볼 수 있습니다. 우선 세계적인 밴드인 'Queen'의 보컬이었던 프레디 머큐리의 이름에서 '머큐리(Mercury)'는 신들의 전령인 '헤르메스'의 영어식 이름에서 비롯되었고, 또한 이 이름은 태양계 행성인 수성의 영어식 이름이기도 합니다.

이와 같이 태양계 행성들의 이름은 대부분 그리스 로마 신화에서 언급되는 신들의 이름에서 파생되었습니다. 금성인 'Venus'는 사랑의 여신 아프로디테(비너스)에게서, 화성인 'Mars'는 전쟁의 신 아레스(마르스)에게서, 목성인 'Jupiter'는 최고의 신 제우스(주피터)에게서, 토성인 'Saturn'은 제우스의 아버지인 크로노스(사투르누스), 천왕성인 'Uranus'는 하늘의 신 우라노스, 그리고 해왕성인 'Neptune'은 바다의 신 포세이돈(넵투누스)의 이름에서 비롯되었습니다. 그밖에도 승리의 여신의 이름 'Nike'는 세계적인 스포츠 용품 기업인 나이키의 유래가 되었으며 신호나 경보를 알리는 음향장치인 사이렌(Siren)은 신화 속 등장하는 괴수인 세이렌에게서 따왔습니다.

영어 이외에 다른 언어

서양의 역사가 오랜 전통을 자랑하는 만큼, 그 안에서의 문화 융합과 전파의 모습들이 매우 많이 나타났습니다. 영어권 사회에서도 많은 지역에서 유래된 단어들과 이름들이 자주 쓰이고 있습니다. 그 이름의 예를 살펴보면 우선 '맘마미아'의 주인공인 Sophie의 어원인 'Sofia'는 그리스어로 지혜를 뜻합니다. 또, Sophie의 친구인 Ali 역시 아랍어에서 파생된 이름입니다. 그밖에도 히브리어로 평원을 뜻하는 이름인 'Eden', 프랑스어로 하나님은 나의 힘이라는 뜻의 'Gilbert', 웨일스어로 하얀 물결이라는 뜻의 'Jennifer' 등이 있습니다.

Episode 23 Let's just not get married yet

Sophie: I have no clue which one of you is my dad, but
I don't mind.
Now, I know what I really want.
Sky, **let's just not get married yet.**

All: What?

Sophie: You never wanted this anyway.
I know that. Let's just get off this island and just see the world.
Okay? All right?

Sky: I love you.

* I have no clue which one of you is my dad, but I don't mind.

어느 분이 아빠인지 단서는 없지만, 저는 상관없어요.

- I have no clue: 단서가 없다.
- I don't mind: 신경 쓰지 않아.

* let's just not get married yet: 우리 아직 결혼하지 말자.

- let + 동사원형 ~하자.
- let + not + 동사원형 ~하지말자.

* Let's just get off this island and just see the world.

- get off: 벗어나다
- see the world: 세상과 만나다.

Episode 24 It's only the rest of your life

Officiant: Donna, do I take it the wedding is cancelled?

Donna: I'm not entirely sure what's happening right now.

Sam: Hang on. Why waste a good wedding?

How about it, Sheridan?

You're going to need someone to boss around on this island of yours.

Donna: Are you nuts? I am not a bigamist.

Sam: Neither am I.

I'm a divorced man who's loved you for 21 years,

and ever since the day I set foot on this island.

I've been trying to tell you how much I love you.

Come on, Donna. **It's only the rest of your life.**

♩ ♪ I can't conceal it. Don't you see? Can't you feel it?

Women: Say I do. I do, I do, I do, I do, I do.

Sam: ♩ ♪ Donna, please show it. You love me, and you know it.

Women: Say I do.

Donna: I do! I do! I do!

Officiant: I now pronounce you man and wife.

Sam: Donna, happy? You happy? Are you happy?

Donna: I'm so happy!

* Do I take it the wedding is cancelled?: 결혼식이 취소되었다고 봐야 되는 겁니까?
* I'm not entirely sure what's happening right now: 저는 지금 무슨 일이 일어나고 있는지 확실히 모르겠어요.
* Why waste a good wedding?: 왜 이런 좋은 결혼식을 망칩니까?
* You're going to need someone to boss around: 당신에게 잔소리를 할 누군가가 필요할 텐데.
* Are you nuts?: 당신 제정신이야?
* bigamist: 중혼자(이중결혼을 한 사람)
* Neither am I: 나도 아니야.
* I'm a divorced man who's loved you for 21 years: 나는 21년 동안 당신을 사랑한 이혼한 남자요.
    - divorce: 이혼하다
* ever since the day I set foot on this island. 그날 이후로 나는 이 섬에 발을 들여 놓았다.
    - ever since the day: 그 날로부터
    - set foot: 발을 내딛다, 도달하다
* It's only the rest of your life: 인생이 얼마 남지 않았어.
* I can't conceal it: 숨길 수 없어요.
    - conceal: 감추다, 숨기다
* I now pronounce you man and wife: 이제 부부가 되었음을 선언합니다.
    - pronounce: 선언하다.

♣ 영화 속 미국 문화 이야기

〈Friend〉

'Friend'란 단어를 보고 한국인과 미국인이 각각 느끼는 감정은 사뭇 다릅니다. 한국인들에게 '친구'는 아주 가깝고 오래 사귄 사람으로 친구라 부르기까지는 몇 가지의 조건이 충족해야합니다. 예를 들어 나이가 같아야 하고 출신, 소속이 같아야 합니다. 다시 말해서 초등학교든 중학교든 같은 학교를 나왔다든지, 같은 고향 출신이거나, 같은 동네에 오래 살았다 든지 등을 말합니다. 또한 성별도 같아야합니다. 자신의 사생활과 고민을 서슴없이 털어 놓을 수 있는 사람을 '친구'라고 부를 수 있습니다.

한국인들에게 친한 친구를 평가하는 기준은 친구가 '얼마나 편한 사이인가' 하는 편안함의 정도입니다. 격의 없이 서로 눈치 보지 않고 스스럼없이 대할 수 있는 사이. 말하지 않아도 내 마음을 알아주는 친구. 그런 친구가 내 가치를 인정해 주고 내 진면목을 인정해 준다면 더할 나위 없이 좋은 것이다.

같은 학교에 다니는 누군가를 다른 사람에게 소개할 때도 '친구'라는 단어를 사용하는 경우는 신중하다고 볼 수 있습니다. '친구'라는 호칭에는 대단히 제한이 있기 때문입니다. 우리 한국인들에게는 '남자 친구' 혹은 '여자친구' 나누어 말하는데 이러한 단어들은 미국인들과의 의사소통 시에 문화적 충격을 가져오기도 합니다. 미국인들에게 'boy friend' 혹은 'girl friend'는 '애인'의 의미이기 때문입니다.

굳이 우리 한국인들이 생각하는 '남자친구' 혹은 '여자친구'의 의미로 바꾸자면 'male friend' 혹은 'female friend'가 되겠지요. 미국인들에게 'friend'는 우리 한국인들이 생각하는 그런 '정' 으로 뭉친 관계는 아닙니다. 굳이 남녀를 나눌 필요도 없고, 나이의 많고 적음을 나눌 필요도 없습니다. 다양한 민족들이 구성한 나라(united states)의 의미가 주는 것처럼 다양성을 녹여 하나의 새로운 문화를 만들어 내고자한 용광로(melting pot)의 개념에서처럼 혹은 다양한 사람들의 다양함과 정체성을 인정하면서도 조화로운 삶을 추구하는 샐러드 보울(salad bowl)이론처럼 그들은 서로 다양함의 인정과 다양함 속의 삶이 그리 낯설지 않은 문화일 것입니다.

♣ 미국의 문화 이야기(Summer)

〈미국의 여름휴가〉

휴가는 영어로 'vacation'이지만 우리는 흔히 휴가를 바캉스라고 부르기도 합니다. 바캉스(vacances)라는 단어는 프랑스어로, 그 어원은 '무엇으로부터 자유로워지는 것'이라는 의미의 '바카티오(Vacatio)'라는 라틴어에서 비롯된 말입니다. 이 용어는 학생이나 교사 혹은 법관 등에게 주어진 비교적 긴 휴가를 뜻하다가 20세기에 들어서 일반인들이 하던 일을 오랫동안 쉬고 휴가를 하는 경우에 쓰이게 된 말입니다. 바캉스는 고도의 산업성장으로 생활이 풍족해지면서 여유로워 진 사람들이 여가 활용에 관해 생각해보게 되었고, 기업 또한 근로자의 정신적, 육체적 자질 향상을 위해 휴가의 필요를 느끼게 되면서 바캉스 문화가 보편화되었다고 할 수 있습니다.

유럽인들의 일 년 중 휴가는 평균 6주 정도 된다고 합니다. 하지만 미국인들의 휴가는 겨우 2주에 지나지 않죠. 또한 경력을 쌓기 위해서 휴가 없

이 몇 년을 일만 하며 보내기도 합니다. 게다가 스마트폰이나 컴퓨터와 같은 정보통신기기가 발달하면서 일을 완전히 떠난 휴가라는 것도 점차 줄어들고 있는 추세라 할 수 있습니다. 미국의 한 웹사이트가 조사한 미국인들의 휴가 실태에 따르면 미국인들의 경우, 정기 휴가 중 3분의 2만을 제대로 사용하고 있는 것으로 나타났고, 또 다른 조사에 따르면 휴가 중에도 근무 때와 비슷한 강도의 업무 스트레스에 시달리고 있는 것으로 나타났습니다. 위에서도 언급했듯이 휴대용 정보통신기기가 발달로 휴가 중에도 스마트폰이나 노트북을 이용해 사실상 연장 업무를 할 수 있게 되었기 때문입니다. 하지만 미국인들은 한 해에 한번은 반드시 휴가를 가야한다고 생각합니다. 또한 휴가라는 것을 생활의 필수 불가결한 요소로 여기기도 합니다. 우리는 보통 여름휴가를 가면 피서를 위해 산이나 바다를 찾곤 하는데, 과연 미국인들은 어떨까요?

미국인들의 여름휴가 활동으로 가장 많은 비중을 차지하는 것은 자동차를 이용해서 가족이나 친구를 방문하거나 캠핑을 떠나는 것입니다. 또 비행기나 유람선을 이용한 국내 및 해외여행을 즐기기도 합니다. 젊은 층은 대개 국내 여행이나 피서지 여행을 즐기는데, 한적한 해변에서 친구들과 배구나 수상스키를 즐긴다고 합니다. 또한 길거리의 작은 공연들을 감상하며 더위를 잊어버리기도 하죠. 가정을 이루고 있는 미국인들의 여름휴가는 대개 학교에 다니는 자녀들의 일정에 따라 결정이 되기도 하는데, 이 경우에는 대부분 긴 여름방학을 활용해 가족여행을 계획하기도 합니다.

미국은 넓은 면적을 자랑하는 만큼, 전국적으로 수많은 국립이나 주립 또는 사립캠핑장들이 많이 있습니다. 대개 국립공원들 안에 있는 유명한 캠핑장들은 여름휴가 기간 중에는 보통 6개월 전에 미리 예약을 하지 않으면 자리를 잡기 어렵습니다. 캠핑장 안에는 샤워장, 세탁장, 그리고 간단한 식료품이나 과자 등을 파는 식료품점이 마련되어 있고, 캠핑장 이외에도 전국적으로 많은 해수욕장이나 해안 유원지가 위치해 있습니다. 서부 해안이 동부 해안에 비해 대체로 물이 맑아 인기가 있습니다.

〈미국의 여름 축제〉

1. 스모개스버그(Smorgasburg) - 뉴욕

뉴욕은 모두가 잘 알듯 전 세계의 다양한 인종과 문화가 만나는 국제도시입니다. 그리고 이러한 특성이 잘 드러나는 축제가 바로 '스모개스버스' 축제입니다. 스모개스버그 축제는 뉴욕의 브루클린 지역에서 개최되는데, 일일 최대 만 명의 관람객들이 모이는 큰 축제입니다. 이 축제가 열리면 뉴욕시와 주변 지역에서 100개가 넘는 음식 업체가 몰려듭니다. 아이스크림과 토핑을 가득 올린 홍콩 스타일의 에그 와플과 아르헨티나 소시지 샌드위치, 버섯 커피, 그리고 일본의 닭요리와 스위스의 치즈 퐁듀 요리까지 전 세계의 다양한 맛을 즐길 수 있습니다. 브루클린의 유명한 축제인 브루클린 플리 (Brooklyn Flea) 쇼핑 축제에서 독립해 오직 음식만을 주제로 삼는 이 야외 축제는 매년 4월부터 11월까지 열리며, 브루클린의 윌리엄스버그(Williamsburg)에서는 토요일에, 프로스펙트 공원(Prospect Park)에서는 일요일에 진행됩니다.

2. 오렌지카운티 페어(Orange County Fair) - 캘리포니아

오렌지카운티는 로스앤젤레스의 위성도시로 한인들이 많이 거주하고 있는 지역으로도 유명한 곳입니다. 또한 오렌지카운티 페어는 100여 년의 전통을 자랑하는 오렌지카운티 최고의 축제입니다. 1893년 처음 시작된 이 축제는 축제장인 페어그라운드에서 열리는데, 다양한 쇼와 콘서트, 콘테스트가 진행되며 관람객들은 이것들 외에도 놀이기구, 유명 요리사들의 음식 만들기 경연, 다양한 음식들을 즐길 수 있습니다. 또, 55개 놀이기구가 풍성한 카니발과 로데오, 가축 품평회, 서커스, 예술 및 공예품 전시회 등이 펼쳐집니다.

어린이들을 위해 간이 동물원도 마련되고 스피드웨이 레이싱, 황소타기, 프리스타일 모터크로스 점핑 등 청소년들이 좋아하는 프로그램도 매일 진행됩니다. 이 밖에도 각종 먹거리, 볼거리 등이 넘쳐나 가족 동반으로 주말 한나절을 즐기기에 부족함이 없습니다. 축제장에 설치되는 놀이기구 가운데 하나인 대회전차(Ferris Wheel)는 15층 건물의 높이이며, 10세 미만의 어린이들을 위한 카니발도 마련됩니다.

매년 7월 중순에서 8월 초까지 열리는 이 축제의 개장 시간은 매주 화요일에서 목요일은 정오에서 자정까지, 금요일부터 일요일은 오전 10시부터 자정까지 열리며, 월요일은 개장하지 않습니다.

3. 칼레 오초(Calle Ocho) 축제 - 플로리다

미국 플로리다주에 위치한 마이애미는 미국의 대표적인 해양 관광 도시로 매년 많은 피서객들이 해수욕과 따사로운 햇살 속에서의 일광욕을 즐기기 위해 방문합니다. 그리고 마이애미는 중남미 지역과 가까운 지리적 특성으로 인해 중남미 사람들, 특히 쿠바계 이민자들이 많이 모여 있는 도시이며 쿠바의 수도인 하바나에서 이름을 따서 지은 '리틀 하바나(Little Havana)'라는 쿠바인 마을이 위치해 있습니다. 매년 3월에 이 곳에서 중남미 출신 이민자들이 모여 춤을 추거나 노래를 부르며 축제의 향연을 펼칩니다. 그 축제가 바로 '칼레 오초' 축제입니다.

우리나라를 기준으로 3월은 봄이 막 시작되는 시기로 꽃샘추위가 기승을 부리는 등 아직 쌀쌀한 날씨를 보이는 시기인 반면, 마이애미는 열대 몬순 기후로 최고 기온이 섭씨 34도에 육박할 정도로 매우 더운 날씨를 보입니다. 그렇기 때문에 더위를 피하거나 오히려 추운 날씨에서 벗어나기 위해 많은 사람들이 마이애미를 찾고, 이와 동시에 라틴 댄스와 노래를 즐기며 중남미의 라틴 문화를 느끼기 위해 매년 백만 명 이상의 관람객들이 축제가 열리는 마이애미 리틀 하바나의 거리로 모입니다.

칼레 오초 축제에서는 쿠바, 콜롬비아, 니카라과, 푸에르토리코, 코스타리카 등 중남미 국가들의 다양한 음식들과 볼거리를 제공함과 동시에 레게나 살사, 바차타와 같은 중남미 지역의 전통음악들도 축제 기간 내내 감상할 수 있습니다.

칼레 오초 축제의 시작은 1977년으로 거슬러 올라가는데, 이 당시 마이애미의 서로 다른 인종 집단들 간의 갈등이 최고조로 달하게 됩니다. 그러자 리틀 하바나에서 쿠바계 미국인 8명이 갈등 상황을 해결하기 위해 자전거 경주를 제안하게 되었고 그것이 칼레 오초 축제의 시초입니다. 하지만 주최측에서 인종 간의 경쟁을 꺼렸고, 후에 거리 문화로 바뀌게 되어 현재 미국의 대표적인 문화축제로 자리 잡게 되었습니다.

쿠바의 전통 안무 가운데 '콩가 라인(Conga Line)'은 사람들이 일렬로 서서 기차놀이를 하듯이 줄지어서 이동하는 춤인데, 1988년 3월 13일에 열린 칼레 오초 축제에서 무려 약 12만 명의 사람들이 모여 콩가 라인을 췄고, 세계에서 가장 긴 행렬의 콩가 라인으로 인정되어 기네스북에 올랐습니다.

• Stop sound

영어 자음을 소리낼 때, t, d, p 등으로 끝나는 단어를 '트, 드, 프'라고 기존의 t, d, p 사운드에 '—'를 붙여서 발음하는 경우가 많습니다.

그러나 영어에서는 't, d, p, b, k, g' 자음들을 Stop sound로 분류합니다.

발음이 지속되지 않고 막히는 부분이므로 stop sound라고하며 "으"를 붙여서 발음하지 않고 입술이 닫히면서 바람이 막히는 소리임을 유의합시다.

ex) Stopped[stɑ:pt]이지만 [t]사운드에 유의하여 발음해 보세요.

자~ 유의해서 발음해 보세요

smart [smɑ:rt]
night [nait]
friend [frend]
world [wə:rld]
gap [gæp]

• Assimilation

영어를 발음할 때, 앞 뒤에 인접한 서로 다른 음을 닮아서 한 음이 변하는 현상을 동화작용(assimilation)라고 합니다.

1) 순행 동화: 뒤의 음이 앞의 음을 닮아서 변이하는 것을 말합니다.

ex) Jhon's [s]가 [n]을 닮아서 유성음 [z]로 발음 되는 것입니다.

2) 역행동화: 앞의 음이 뒤의 음을 닮아서 변이하는 것을 말합니다.

ex) of course [əv]가 뒤 [k]를 닮아서 [əf]로 발음 되는 것입니다.

3) 상호 동화: 앞의 음과 뒤의 음이 서로 닮아서 발음 되는 것입니다.

ex) Don't you: don't의 [t]와 you의 [ju]가 서로 영향을 주어 [tju]로 발음 되는 것입니다.

자~ 유의해서 발음해 보세요

Actually [ǽktʃuəli]
would you [wúdju]
get you [getju]
didn't you [dídntju]

• Thank You for the Music

--- ABBA ---

I'm nothing special, in fact I'm a bit of a bore
If I tell a joke, you've probably heard it before
But I have a talent, a wonderful thing
Cause everyone listens when I start to sing
I'm so grateful and proud
All I want is to sing it out loud
So I say
Thank you for the music, the songs I'm singing
Thanks for all the joy they're bringing
Who can live without it, I ask in all honesty
What would life be?
Without a song or a dance what are we?
So I say thank you for the music
For giving it to me
Mother says I was a dancer before I could walk
She says I began to sing long before I could talk
But I've often wondered, how did it all start?
Who found out that nothing can capture a heart
Like a melody can?

Well, whoever it was, I'm a fan

So I say

Thank you for the music, the songs I'm singing

Thanks for all the joy they're bringing

Who can live without it, I ask in all honesty

What would life be?

Without a song or a dance what are we?

So I say thank you for the music

For giving it to me

I've been so lucky, I am the girl with golden hair

I wanna sing it out to everybody

What a joy, what a life, what a chance!

So I say

Thank you for the music, the songs I'm singing

Thanks for all the joy they're bringing

Who can live without it, I ask in all honesty

What would life be?

Without a song or a dance what are we?

So I say thank you for the music

For giving it to me

* I'm nothing special, in fact I'm a bit of a bore

난 사실 특별한 게 없어요, 좀 따분한 사람이에요.

- I'm a bit of a bore (person) 나는 따분한 사람이다.

ex) I'm a quitely brave

나는 꽤 용감한 사람이다.

* I'm so grateful and proud.

나는 고맙고 뿌듯해요!

- Grateful : 고마운 / Proud : 자랑스러운, 뿌듯한.

ex) I'm very grateful and proud when you praise me.

당신이 나를 칭찬해 줄 때면 난 정말 고맙고 뿌듯해요!

* All I want is to sing it out loud.

제가 바라는 건 단 하나, 노래하는 것뿐이에요.

- All I want is + to+동사는 굉장히 활용도가 높은 문장이다.

ex) All I want is to meet her again.

제가 바라는 건 그녀를 다시 한 번 만나는 거예요.

* I ask in all honesty

진심으로 물어볼게요.

- Ask in + 명사 / ~하게 물어보다.

ex) I ask you in all honesty, tell me truth of this case.

진지하게(솔직하게) 물어볼게요, 이 사건의 진실을 알려주세요.

ex) In all honesty, I really don't know.

솔직히 말하자면, 난 아무것도 몰라.

* What would life be?

인생은 어떻게 될까요?

- What would life be without a song or dance

만약 노래나 춤이 없었다면 우리 인생은 어땠을까?

ex) What would life be without surprises?

놀라운 일들이 없다면 인생 뭐 있겠어?

* I am the girl with golden hair.

내 머리는 금발이에요.

- Golden hair : 금발 머리.

- 서양인의 외모를 묘사하는데 자주 쓰이는 단어!

ex) Mary's golden hair surely looks beautiful and magical.

메리의 금발 머리는 정말 아름답고 신비로워!

• My Love My Life

--- ABBA ---

I've seen it on your face
Tells me more than any worn out old phrase
So now we'll go separate ways
Never again we two
Never again, nothing I can do
Like an image passing by, my love, my life
In the mirror of your eyes, my love, my life
I can see it all so clearly
Answer me sincerely
Was it a dream, a lie
Like reflections of your mind, my love, my life
Are the words you try to find, my love, my life
But I know I don't posses you
So go away, God bless you
You are still my love and my life
Still my one and only
I've watched you look away
Tell me is it really so hard to say
Oh, this has been my longest day

Sitting here close to you

Knowing that maybe tonight we're trough

Like an image passing by, my love, my life

In the mirror of your eyes, my love, my life

I can see it all so clearly

Answer me sincerely

Was it a dream, a lie

Like reflections of your mind, my love, my life

Are the words you try to find, my love, my life

But I know I don't posses you

So go away, God bless you

You are still my love and my life

Yes, I know I don't posses you

So go away, God bless you

You are still my love and my life

Still my one and only

* I've seen it on your face

Tells me more than any worn-out old phrase.

당신 얼굴에서 봤어요.

그 얼굴이 모든 것을 말해주었죠.

- worn-out : 닳아 해진, 낡은, 헌

직접적인 해석은 오래된 문장들보다 많은 얘기를 해준다는 의미지만 이게 바로 '모든 것'을 말해 준다는 의미로 쓰입니다.

ex) One great behavior delivers me more than any worn-out old phrase

훌륭한 행동 하나가 모든 것을 말해준다.

* So now we'll go separate ways.

이젠 각자의 길을 가야해요.

- Go separate ways : 다른 길을 가다.

ex) Mike and Bob decided to go their separate way after high school.

마이크와 밥은 고등학교 졸업 후 각자의 길을 가기로 결정했다.

* Answer me sincerely.

내게 솔직히 대답해줘요.

- 실생활 대화에서 빈번히 쓰이는 표현이니, 기억해두고 조금씩 변형해서 사용해 보세요.

ex) I need your decision for now. So, tell me sincerely about your bidding.

이제는 당신의 결정이 필요합니다. 입찰 금액에 대해 솔직히 말씀해 주세요.

ex) To answer you sincerely, I've loved you for a long time, too. I love you.

솔직히 대답하자면, 나도 당신을 오래 좋아해왔어요. 사랑합니다.

* I've watched you look away.

당신이 눈을 돌리는 모습을 봤어요.

- look away : 눈길을 돌리다.
- look away from : ~로부터 눈을 돌리다.

ex) I can't look away from this scene.

나 이 장면에서 눈을 뗄 수가 없어!

ex) He was looking away from me.

그는 나한테 눈길을 떼고 있었다.

* This has been my longest day.

정말 긴 하루였어요.

- has been a long day : 일상 표현에서 '하루가 정말 길었다.'라고 할 때 자주 쓰이는 표현이다.

ex) It has been a verrrrry long day.

진~짜 긴 하루였다 오늘.

ex) It should be a long day, today.

오늘은 긴 하루가 되겠군(.)

* But I know I don't posses you.

하지만 당신을 가질 수 없다는 것을 알아요.

- Posses + someone : ~를 가지다, 소유하다.

ex) I want to posses you

너를 갖고 싶어.

ex) I'm a star, but nobody can posses me.

나는 스타지만 아무도 나를 가질 수는 없어.

* You are still my love and my life
Still my one and only.

당신은 아직도 내 사랑이자 내 삶이에요.
여전히 나의 유일한 사람이죠.

ex) You are my one forever.

너는(당신은) 평생 동안 나의 유일한 사람이에요.

♥ Think aloud !

- Golden hair
- Blonde hair

• I've been waiting for you

--- ABBA ---

[Verse 1: Amanda Seyfried]

I, I have known love before

I thought it would no more

Take on a new direction

Still, strange as it seems to be

It's truly new to me

That affection

[Verse 2: Amanda Seyfried]

I, I don't know what you do

You make me think that you

Will change my life forever

I, I'll always want you near

Give up on you, my dear

I will never

[Chorus: Amanda Seyfried, Julie Walters &Christine Baranski]

You thrill me, you delight me

You please me, you excite me

You're all that

I've been yearning for

I love you, I adore you

I lay my life before you

I only want you more and more

And finally it seems

My lonely days are through

I've been waiting for you

[Verse 3: Amanda Seyfried]

I'll carry you all the way

And you will choose the day

When you're prepared to greet me

I'll be a good mum, I swear

You'll see how much I care

When you meet me

[Chorus: Amanda Seyfried, Julie Walters &Christine Baranski]

You thrill me, you delight me

You please me, you excite me

You're all that

I'd been yearning for

I love you, I adore you

I lay my life before you

I only want you more and more

[Outro: Amanda Seyfried]

And finally it seems

My lonely days are through

I've been waiting for you

Ohhhh

I've been waiting

For you

* I thought it would no more.
* Take on a new direction.

나는 더 새롭게 알 것은 없다고 생각했어요.

- It would take on a new direction.

직접적인 의미는 '이것은 새로운 방향으로 갈 것이다'지만
문장이 전하고자 하는 의미는 새로운 것을 알게 됐다는 겁니다.

ex) Our relationship would no more take on a new direction.
우리 관계는 더 이상 새로울 게 없어.

* It's truly new to me.

정말 새롭게 느껴져요.

ex) Everything I saw and heard was truly new to me.
내가 보고 들은 것들은 정말 내게 새로웠다.

ex) News that you married a Tom was truly new to me.
네가 톰과 결혼한다는 소식은 내게 정말 새로운 얘기였다.

* Affection

애정, 애착, 보살핌

'Affection'을 활용한 예문.

ex) Children need lots of love and affection.
아이들은 많은 애정과 사랑을 필요로 한다.

ex) He feels affection for his grandchildren.
그는 그의 손자들에 대해 애정을 느낀다.

* Give up on you, my dear.
* I will never.

당신을 포기하다니, 내 사랑아, 나는 절대로 그러지 않을 거예요.

Give up 의 형태는 다양하다.

- Give ~something up : ~something을 포기하다.
- Give up on ~ somebody : ~에 대해 기대 등을 포기하다.

ex) Her teachers seem to have given up on her.

* You thrill me, you delight me.
* You please me, you excite me.

당신은 나를 감동케 하죠, 당신은 나를 기쁘게 합니다.

당신은 나를 행복하게 하고, 당신은 나를 흥분케 합니다.

* Thrill someone : ~을 감동시키다, 열광시키다, 정말 신나게 만들다.

ex) I was thrilled by your news.

난 당신 소식을 듣고 정말 기뻤습니다.

* You're all that.
* I've been yearning for.

당신은 내가 그토록 바래왔던 모든 것이에요.

- Yearn for : ~을 그리워하다, 동경하다.

ex) What do you really yearn for ?

너는 무엇을 정말(정말 무엇을) 갈망하니?

ex) Man seems to yearn for his own destruction.

인간은 자기 자신의 파멸을 갈망하는 듯하다.

* I lay my life before you.

내 삶을 당신 앞에 바칠게요.

ex) I will lay my life before you. Will you marry me?

내 삶을 너한테 바칠게. 나랑 결혼해줄래?

* And finally it seems.
* My lonely days are through.

그리고 마침내 나의 외로운 날들은 끝난 것처럼 보여요.

- be through : ~을 끝내다, 마무리하다.

ex) If you don't , I'll be through.

당신이 하지 않는다면 제가 마칠게요.

ex) I'll be through in a moment.

저 곧 그 일 끝냅니다.

* When you're prepared to greet me.

당신이 나를 만날 준비가 되었을 때.

- greet : 인사하다, 맞다, 환영하다.

ex) I would say 'Hello' when you are prepared to greet me.

당신이 나를 만날 준비가 되었을 때 '안녕'이라고 인사할게요.

• Idiom 〈Love〉

1. Can't get enough of

   A: I love you so much.

   B: I love you too. I can't get enough of you.

   A: I'm really happy to here that,

* Can't get enough of : ~로 충분치 않다.

* Can't get enough of you: 아무리 당신을 봐도 부족하다.

  아무리 당신을 사랑해도 충분치 않다.

2. be smitten with someone

   A: He is smitten with you !

   B: Why do you think so?

   A: I feel you look different.

be smitten with someone: 누군가에 홀딱 반하다.

= Head over heels in love: 사랑에 빠져 정신을 못 차리는

She fell head-over-heels in love with me.

= "She was gaga over me"

3. Love is blind

ex)

A: You know, I love jack. He is handsome and kind.

B: But He is short.

A: It's Ok.

B: Love is blind.

* Love is blind: 콩깍지가 씌었다!

* 유래

Love is blind(사랑은 맹목적이다. 사랑은 눈을 멀게 한다). '영국 문학의 아버지'로 불리는 제프리 초서(Geoffrey Chaucer, 1343~1400)의 말입니다.

• Idiom 〈Make로 표현하는 Idioms〉

1. Make someone's day

   A: This is for you, Cindy

   B: Wow! You make my day ! Thank you.

* Make someone's day: 갑자기 행복하게하다

* 유래

"Make my day." 표현은 영화 'Sudden Impact'에서 유래 되었습니다.

I have my veto pen drawn and ready for any tax increase that Congress might even think of sending up. And I have only one thing to say to the tax increasers. Go ahead-make my day."

\- Ronald Reagan, to the American Business Conference (1985)

2. Make monkey out of someone

A: Dylan is very annoying now.

B: Why?

A: His friend keeps on making a monkey out of him.

* Make monkey out of someone: 바보로 만들다.

3. Kiss and make up

A: I'm so sorry. Let's kiss and make up.

B: I'm sorry too. that's my fault.

* Kiss and make up: 화해하다

* 유래

조롱하다, 놀리다(=make a fool of someone)는 뜻. 독일 우화 Reynard the Fox에 나와서 유명해진 조그만 원숭이를 서커스나 애완용으로 기르게 되면서 유래했습니다. 이 원숭이는 다소 조롱의 대상으로 여겨집니다.

용서하고 서로 화해한다는 의미입니다. 상대방에게 용서를 구하고 화해의 제스처를 취할 때는 키스를 하라는 뜻에서 나온 표현입니다

Fall / Colors of Love

영화 <Devil wears Prada> 속 명대사

Being Miranda's assistant opens a lot of doors

미란다의 비서로 일하면 많은 기회가 생겨요

You are not trying, you are whining

당신은 노력하는 것이 아니라 징징거리는 거예요.

Episode 25 You're replacing yourself

Emily: Okay, so I was Miranda's second assistant...but her first assistant recently got promoted, and so now I'm the first.

Andy: Oh, and **you're replacing yourself**. Well, I am trying.

Emily: Miranda sacked the last two girls after only a few weeks. We need to find someone who can survive here. Do you understand?

Andy: Yeah. Of course. Who's Miranda?

Emily: Oh, my God. I will pretend you did not just ask me that. She's the editor in chief of Runway, not to mention a legend.
You work a year for her, and you can get a job at any magazine you want.
A million girls would kill for this job.

Andy: It sounds like a great opportunity. I'd love to be considered.

Emily: Andrea, Runway is a fashion magazine...so an interest in fashion is crucial.

Andy: What makes you think I'm not interested in fashion?

Emily: Oh, my God. No! No! No!

Andy: What's wrong?

Emily: She's on her way. Tell everyone!

* you're replacing yourself: 혼자서 알아서 승진하시네요.

- replace: 대체하다

* Miranda sacked the last two girls after only a few weeks:

Miranda는 최근에 두 직원을 잘랐어요.

- saked: 자르다, 좇아내다

= fired

* I will pretend you did not just ask me that:

당신이 한 그 질문 안 들은 걸로 할래요.

- pretend: ~인 척하다.

* She's the editor in chief of Runway, not to mention a legend:

그녀는 Runway의 편집장이지요. 설명할 필요도 없이 전설적인 인물이에요.

- not to mention: 설명할 필요도 없이

* A million girls would kill for this job: 이 자리를 노리는 여자들이 정말 많지.

- kill for: 죽도록 ~하고 싶다.

* It sounds like a great opportunity: 대단한 기회처럼 들리네요.

- sounds like ~처럼 들리다.

* What makes you think I'm not interested in fashion?: 넌 왜 내가

패션에 흥미가 없을 거라고 생각했는데?

-what makes you~? : 어째서 당신은 ~합니까?

Episode 26 I don't fit in here

Emily: This is foul. Don't let her see it. Go!

Andy: That's—

Miranda: Who are you?

Andy: Uh, my name is Andy Sachs. I recently graduated from Northwestern University.

Miranda: And what are you doing here?

Andy: Well, I think I could do a good job as your assistant. And, um— Yeah, I came to New York to be a journalist, and sent letters out everywhere...and then finally got a call from Elias-Clarke...and met with Sherry up at Human Resources. Basically, it's this or Auto Universe.

Miranda: So you don't read Runway?

Andy: Uh, no.

Miranda: And before today, you had never heard of me?

Andy: No.

Miranda: And you have no style or sense of fashion.

Andy: Well, um, I think that depends on what you're...

Miranda: No, no that wasn't a question.

Andy: Um, I was the editor in chief of The Daily Northwestern. I also, um, won a national competition for college journalists with my series on the janitor's union...which exposed the exploitation of...

Miranda: That's all.

Andy: Yeah, you know, okay. You're right. I don't fit in here. I'm not skinny or glamorous and I don't know that much about fashion. But I'm smart. I learn fast and I'll work very hard.

* This is foul. Don't let her see it: 이런 형편없는 물건을 보이면 안돼요.

- foul: 나쁜, 형편없는, 엉망인

* I came to New York to be a journalist, and sent letters out everywhere.
저는 저널리스트가 되기 위해 뉴욕에서 왔어요, 그리고 여기저기 편지를 보냈는데요.
- send something out: ~를 보내다
* you had never heard of me?: 나에 대해서 들어본 적이 없겠네?
- hear of: (소문 등으로) ~에 대해 듣다.
* that's all: 그것이 다야.
* I don't fit in here: 여기랑 맞지 않아, 적응이 되지 않아.

♣ 영화 속 문화 이야기

〈New York〉

뉴욕 주 남쪽의 도시로, 미국 동북부 지역에 위치한 미국 최대도시이자 계획도시입니다. 별명은 '잠들지 않는 도시', 'Big Apple', 'Gotham City' 이렇게 유명 도시답게 많은 별명이 있습니다. 세계에서 가장 번화하고 유명한 도시로 현재도 일명 세계의 수도라고 불립니다. 특히 금융과 문화 부문에서는 부동의 1위를 차지하고 있습니다. 도쿄, 런던과 함께 세계 3대 도시에 속하고, 월스트리트를 중심으로 세계 경제의 가장 중요한 역할을 담당하고 있습니다.

'I love NewYork'의 로고가 생긴 것은 1970년대 뉴욕이 경기 침체와 높은 범죄율로 어려움에 빠진 상황과 관련이 있습니다. 관광객 유치를 위해 전문 광고 업체를 통해 I LOVE NY의 슬로건을 제작하였는데 이 성공적인 광고캠페인의 로고를 디자인한 사람은 미국의 대표적인 그래픽 디자이너이자 일러스트레이터인 밀턴 글레이저입니다. 그가 우연히 냅킨에 그린 것이 바로 지금의 아이러브뉴욕 디자인입니다. 이 뿐만이 아니라 뉴욕의 로고송, 유명인을 앞세운 TV 광고 등을 통해 브랜드를 마케팅하였습니다.

브랜드 마케팅 효과를 극대화하기 위해 뉴욕시는 치안 유지에 온 힘을 다하고 다양한 문화 이벤트를 기획해 뒷받침하였습니다. 이러한 노력으로 이 캠페인은 엄청난 성공을 거둬 광고 집행 1년 뒤 관광 수입만 1억 4천만 달러가 증가했습니다. 처음의 '아이러브 뉴욕'은 뉴욕의 상징이 되었지만 이는 사실 뉴욕시가 아닌 뉴욕 주를 위해 전개되었지만 지금은 뉴욕시를 대표하는 로고가 되었습니다.

힘든 경제위기 상황에서 실의에 빠진 뉴욕 주를 성공할 수 있게 만든 디자인이 경제호황시기뿐만 아니라 경제 불황기에서도 이겨낼 수 있다는 희망과 가능성을 제시한 멋진 사례라고 볼 수 있다. 또한 35년이 넘는 기간 동안 한 번도 슬로건을 변경하지 않고 일관되게 유지해, I♥NY의 강력한 브랜드 가치를 수립하고 뉴욕에 디자인 문화 형성에 큰 기여를 하게 된 것입니다.

Episode 27 You run errands

Emily: Now, hang that up. Don't just fling it anywhere. Okay. First of all, you and I answer the phones. The phone must be answered every single time it rings. Calls roll to voice mail, and she gets very upset. If I'm not here—Andrea, Andrea...you are chained to that desk.

Andy: Well, what if I need to...?

Emily: What? No. One time an assistant left the desk because she sliced her hand open with a letter opener...and Miranda missed Lagerfeld...just before he boarded a 17-hour flight to Australia. She now works at TV Guide.

Andy: Man the desk at all times. Got it. Uh—Miranda Priestly's office. No, she's not available.

Andy: Yes, I will tell her you called... yet again.

Emily: Right. Remember, you and I have totally different jobs. I mean, you get coffee and you run errands. Yet I am in charge of her schedule...her appointments and her expenses. And, um, most importantly, um...I get to go with her to Paris for Fashion Week in the fall. I get to wear couture. I go to all the shows and all the parties. I meet all of the designers. It's divine. Okay. Now, stay here. I'm going to the art department to give them the Book. Andy: The...?

* The phone must be answered every single time it rings: 전화는 매번 벨이 울리자마자 받아야 해요.

- every single time = every time: 매번

* Andrea... you are chained to that desk.

- chained to that desk: 책상에 꼭 붙어 있어야 해.

* Man the desk at all times: 책상에 꼭 자리를 지키고 있어라.

- man: (어떤 장소/일) 담당하다, ~에 인원을 배치하다.

* you get coffee and you run errands.

    - errands: 심부름

* I am in charge of her schedule:

  나는 그녀의 스케줄을 담당하고 있어.

    - charge of~: ~을 맡다, 담당하다.

* I got to wear couture

    - couture: 유명 디자이너 제품, 고급여성복

* It's divine: 정말 너무 멋진 일이에요

♣ 영화 속 문화 이야기

〈Small talk〉

Small talk is an informal type of discourse that does not cover any functional topics of conversation or any transactions that need to be addressed.

Small talk은 누군가와 처음 만났을 때 어색한 분위기를 누그러뜨리는 가벼운 대화를 말합니다.

모르는 사람과 눈이 마주치면 인사를 하고 가벼운 대화인 small talk으로 따뜻한 분위기를 주도해 봅시다.

10 Useful Small Talk Topics

1) Weather 2) Arts and Entertainment 3) Sports
4) News 5) Family 6) Work 7) Travel
8) Celebrity Gossip 9) Hobbies 10) Hometown

1 Weather

Small talk은 주로 날씨로 시작할 수 있습니다: It is really nice today.

2 Compliments on clothing or hair

일상적인 소소한 이야기, 상대방의 의상이나 헤어스타일로 시작해도 좋습니다: I like your red shirt. It looks good on you!

3 Sports

야구 시즌 이라면 야구에 대해서 이야기를 시작할 수 있습니다:

Do you like baseball? I'm a big fan of the Hanhwa Eagles.

4 Celebrity Gossip

요즘 떠오르는 연예계 소식을 물을 수도 있습니다:

Did you hear about Justin Bieber?

Episode 28 You want to start grilling me now

Dad: Here.

Andy: Huh? What's this?

Dad: I don't want you to get behind on your rent.

Andy: Dad, how did you…?

Dad: It's…?

Andy: I'm gonna kill Mom. Dad, thank you. It's really good to see you.

Dad: You too, honey.

Andy: So, **you want to start grilling me now**... or should we wait till after dinner?

Dad: I thought I'd let you at least enjoy the bread basket first.

Andy: No, no, no. It's okay. Go right ahead.

Dad: We're just a little worried, honey. We get e-mails from you at your office at 2:00 a.m. Your pay is terrible. You don't get to write anything.

Andy: Hey, that's not fair. I wrote those e-mails.

Dad: I'm just trying to understand why someone who got accepted to Stanford Law... turns it down to be a journalist, and now you're not even doing that.

Andy: Dad, you have to trust me. Being Miranda's assistant opens a lot of doors. Emily is going to Paris with Miranda in a few months... and she's gonna meet editors and writers from every important magazine. And in a year, that could be me. Dad, I swear, this is my break. This is my chance. This is my boss. I'm sorry, Dad. I have to take this.

* I don't want you to get behind on your rent:

월세는 밀리면 안 되잖니.

- get behind: 지불해야 할 날짜에 제대로 지급하지 못하고 밀리다

* I'm gonna kill Mom: 엄마 때문에 내가 못살아.

* you want to start grilling me now

- grilling: 질문 공세, 닦달

* I'd let you at least enjoy the bread basket first: 적어도 식전 빵은 즐기게 해줄게.

- at least: 적어도

- bread basket: 빵 바구니

* Your pay is terrible: 월급이 형편없다.

* Being Miranda's assistant opens a lot of doors:

미란다의 비서로 일하다 보면 많은 기회들이 생겨요.

- opens a lot of door: 많은 기회들이 생긴다.

* in a year, that could be me: 일 년 후에는 그것이 저일 수 있어요.

- in a year: 시간 앞의 전치사 in은 after의 의미

- that could be me: 그것이 저일 수 있어요.

* this is my break: 이건 내게 좋은 기회에요.

Episode 29 ▸ Python's hot right now

Andy: Hey. Oh, I'm so sorry I'm late. There was a crisis in the accessories department. I needed to find a python headband.

Doug: **Python's hot right now.**

Andy: I have exciting presents for all of you. Are you ready?

Lily: What is that?

Andy: It's a Bang & Olufsen phone. Charlie Rose sent it to Miranda for her birthday. I looked it up online. It's $1,100.

Lily: What?

Nate: Wow!

Andy: Yep. and I have some products. Mason Pearson hairbrushes. A little Clinique.

Lily: Ooh!

Doug: Oh, damn it. I love your job.

Andy: Oh! One more. A little thing. Do you want it? You want... Oh.

Lily: Gimme! Gimme, gimme, gimme!

Andy: I think she likes it.

Lily: Oh, my God! This is the new Marc Jacobs! This is sold out everywhere. Where did you get this?

Andy: Miranda didn't want it, so...?

Lily: No, no, no, no, no. This bag is, like, $1,900. I cannot take this from you.

Andy: Yeah, you can.

Nate: Why do women need so many bags?

Lily: Shut up.

Nate: You have one. You put all your junk in it, and that's it. You're done.

Doug: Fashion is not about utility. An accessory is merely a piece of iconography used to express individual identity.

Lily: Oh! And it's pretty.

Doug: That too.

* There was a crisis in the accessories department: 액세서리 부서에서 난리가 났었어.
  - crisis: 위기, 고비

* Python's hot right now: Python이 요즘 열풍이지.
  - Python: 비단뱀
  - hot: 난리나다, 열풍이다

* I looked it up online.

  - looke it up: 찾아보다, 검색하다

* This is sold out everywhere: 이거 여기저기서 다 판매 완료된 거야.

* Fashion is not about utility.

  - utility:실용, 유익

* An accessory is merely a piece of iconography used to express individual identity.

  - iconography: 초상화, 도상

Episode 30 Not that I can recall

Emily: I don't know. She's not happy.

Miranda: Andrea?

Andy: Miranda, about last night, I...

Miranda: I need the new Harry Potter book for the twins.

Andy: Okay. Okay. I'll go down to Barnes & Noble right now.

Miranda: Did you fall down and smack your little head on the pavement?

Andy: **Not that I can recall.**

Miranda: We have all the published Harry Potter books. The twins want to know what happens next.

Andy: You want the unpublished manuscript?

Miranda: We know everyone in publishing. It shouldn't be a problem, should it?

And you can do anything, right? Yes, Bobbsey.

I know, baby. Mommy's working very hard to get it for you.

Andy: She doesn't get it. I could call frickin' J.K. Rowling herself. I'm not gonna get a copy of that book.

Miranda: My girls are leaving on the train for their grandmother's at 4.00...so the book better be here no later than 3:00.

Andy: Of course!

Miranda: And I would like my steak here in 15 minutes.

Andy: No problem! Okay. I have four hours to get the impossible manuscript. Smith & Wollensky's doesn't open until 11:30. How am I gonna get the steak? Okay.

I will be back in 15 minutes. Wish me luck!

Emily: No. Shan't.

* Did you fall down and smack your little head on the pavement?: 너 넘어져서 도로에 머리 부딪힌 적 있니?, 정신이 어떻게 되었니?

    - smack: 부딪히다

* Not that I can recall: 그런 일 없는데요.

    - recall: 기억해내다.

* You want the unpublished manuscript?

    - manuscript: 원고

* We know everyone in publishing: 출판업계 쪽에서 모르는 사람이 없잖아.

* And I would like my steak here in 15 minutes: 15분 후에 스테이크를 먹었으면 해.

    - in: ~후에

* wish me luck: 행운을 빌어줘.

* No. Shan't: 아니, 안 그래도 되요.

    - Shan't: shall not의 축약형

Episode 31 Can we adjust the attitude?

Nigel: Sometimes I can't believe I talk about this crap all day. Bobby, come here. Let me see.

Andy: Oh, thank you.

Nigel: Make sure Miranda gets these as soon as possible.

Andy: Mm-hmm.

Nigel: And tell her I switched in the Dior for the Rocha.

Andy: Oh, great. Can't wait.

Nigel: Excuse me. **Can we adjust the attitude?**

Andy: I'm sorry.

Nigel: Don't make me feed you to one of the models.

Andy: It's a busy day. My personal life is hanging by a thread, that's all.

Nigel: Join the club. That's what happens when you start doing well at work, darling. Let me know when your whole life goes up in smoke. That means it's time for a promotion. No. All right, February, back of the issue. Did anybody speak with Salma's people yet?

* And tell her I switched in the Dior for the Rocha: 그리고 Dior를 Rocha로 바꿨다고도 전해줘.

  - switch A for B: B를 A로 바꾸다.

* Excuse me. Can we adjust the attitude?: 적절한 태도가 아니니 좀 고치는 게 어떨까?

  - adjust: 조절하다, 맞추다.

* My personal life is hanging by a thread: 지금 내 사생활이 너무 위태로워.

  - hang by a thread: 위태롭다

* Join the club: (나쁜 일을 겪고 있는 사람과) 같은 신세가 되다, 나도 그래.

* Let me know when your whole life goes up in smoke: 너의 인생이 수포로 돌아가 버리면 알려줘.

  - go up smoke: 연기 속에 사라지다, 수포로 돌아가다.

♣ 영화 속 문화 이야기

뉴욕의 패션 거리, 5번가

뉴욕 5번가(5th Avenue)는 미국 귀족(Blue Blood)들의 거리였습니다. '철도 재벌' 반더빌트와 '금융 왕가' 모건 가문의 동네였습니다. '철강 왕' 앤드루 카네기, '석유 재벌' John D Rockefeller의 사교 무대이기도 했고요. 아랫동네 월가에서 돈의 거품이 일면 누보리치(졸부)들이 가장 먼저 진출한 곳이 바로 5번가였습니다. 돈·권력이 흐르는 거리답게 그곳에선 현대 자본주의를 상징하는 이벤트가 벌어진 곳이기도 합니다.

현재의 뉴욕의 대표 쇼핑거리로 명성 있는 5번가에는 세계적인 고급 브랜드들이 모두 밀집해 있습니다. 이 거리는 또한 '티파니에서 아침을(Breakfast at Tiffany's)' 같은 영화나 '가십걸(Gossip Girl)', '섹스 앤 더 시티(Sex and the City)' 같은 드라마 촬영 장소이기도 합니다.

명품부터 캐쥬얼 브랜드 매장이 화려하게 자리 잡고 있는 뉴욕 5번가는 이름에 걸맞게 세계에서 가장 비싼 임대료의 거리이기도 합니다. 5번가는 맨해튼의 중앙 부분을 남북으로 뻗어나간 워싱턴 광장에서, 북쪽의 할렘(Harlem) 근처에 이르는 큰 거리입니다. 여기에는 엠파이어스테이트 빌딩(Empire State building)을 비롯하여 시립박물관, 시립도서관, 록펠러 센터, 센트럴공원, 워싱턴광장 등이 있고 여러 미술관들도 즐비해 있습니다.

이러한 위치적 우위로 인해 매장 임대료가 비싸 흑자를 내지 못하는 곳들이 많지만 계속해서 운영하는 것은 뉴욕의 5번가에 매장이 있다는 것만으로도 브랜드의 가치와 광고효과를 낼 수 있기 때문입니다. 그래서 연말이 되면 5번가의 쇼케이스는 더욱 화려하게 빛납니다.

Episode 32 I'll assume you're not serious about your future

Miranda: Mm...

Miranda: Paris is the most important week of my entire year. I need the best possible team with me. That no longer includes Emily.

Andy: Wait. You want me to...No, Miranda. Emily would die. Her whole life is about Paris. She hasn't eaten in weeks. I can't... do that. Miranda, I can't.

Miranda: If you don't go, **I'll assume you're not serious about your future**... at Runway or any other publication. The decision's yours. That's all.

* That no longer includes Emily: 거기에 Emily는 더 이상 들어가지 않아.
* Her whole life is about Paris: 그녀의 인생은 파리가 전부인걸요.
* She hasn't eaten in weeks.
  - in weeks: 몇 주 동안
* I'll assume you're not serious about your future: 네가 네 미래에 대해서 진지하게 생각하지 않는다고 생각할거야.
  - asuume: 가정하다, 추측하다
* The decision's yours: 네가 알아서 생각해, 결정은 너의 것이야.

Episode 33 ▸ I hope it's not another Miranda problem

Andy: Uh, yeah. Five minutes, okay?

Miranda: Andrea, don't forget to tell Emily. Do it now.

Andy: [to herself into the phone] Don't pick up. Don't pick up. Don't pick up. Don't pick...

Emily: Hi.

Andy: Emily.

Emily: Hi, hi. Sorry I'm late. It's just Miranda wanted some scarves from Hermes. And she did tell me yesterday, but I forgot like an idiot. And so I freaked out, of course.

Andy: Emily, Emily, I...I need to talk to you.

Emily: I called Martine at home, and she opened the shop early. Whoa! I'm sorry. She opened the shop early for me, so I got them, which is great.

Andy: Okay. Um, Emily, wh...when you come in...there's something I have to talk to you about.

Emily: Well, **I hope it's not another Miranda problem.**

Andy: Not exactly.

Emily: Well, good, because I've got so much to deal with before I go. I swear to God, I mean...Oh, my God!

Andy: Emily?

* It's just Miranda wanted some scarves from Hermes.

  - scarves: scarf의 복수

* And so I freaked out, of course.

  - freaked out: 완전 놀랬어, 경악했어

* I got them which is great: 내가 그것을 얻어서 정말 다행이야.

* There's something I have to talk to you about:
  너와 꼭 이야기해야 할 것이 있어.

* I hope it's not another Miranda problem:
  또 다른 미란다 문제가 아니길 바래.

* I've got so much to deal with before I go:
  가기 전에 처리해야 할 것이 있어.

  - deal with~: ~을 다루다, 처리하다.

* I swear to God: 신에게 맹세해요.

Episode 34 You know how that thrills me

Miranda: By all means, move at a glacial pace. **You know how that thrills me.** Okay. So...first of all, we need to move Snoop Dogg to my table.

Andy: But your table's full.

Miranda: Stephen isn't coming. Oh, Stephen is...So I don't need to fetch Stephen from the airport tomorrow?

Miranda: Well, if you speak to him and he decides to rethink the divorce...then, yes, fetch away. You're very fetching, so go fetch. And then when we get back to New York, we need to contact, um...Leslie to see what she can do to minimize the press... on all this. Another divorce...splashed across page six. I can just imagine what they're gonna write about me. The Dragon Lady, career-obsessed. Snow Queen drives away another Mr. Priestly. Rupert Murdoch should cut me a check...for all the papers I sell for him. Anyway, I don't... I don't really care what anybody writes about me.

Miranda: But my...my girls, I just...It's just so unfair to the girls. It's just... another disappointment... another let down, another father... figure...Gone. Anyway, the point is...The point is...The point is we really need to figure out where to place Donatella...because she's barely speaking to anyone.

Andy: I'm so sorry, Miranda. If you want me to cancel your evening, I can.

Miranda: Don't be ridiculous. Why would we do that?

Andy: Um, is...Is there anything else I can do?

Miranda: Your job. That's all.

Andy: Hi. I need Miranda's itinerary for tomorrow.

* move at a glacial pace. You know how that thrills me:

이동할 때는 반드시 느린 속도로 가도록 해. 그게 날 얼마나 짜릿하게 하는지 알잖아. (행동이 굼뜸을 비꼬는 표현).

* You know how that thrills me:

그것이 얼마나 나를 무섭게 하는지 알지요.

* You're very fetching, so go fetch.

  - fetch: 마음을 끌다, (어디를 가서) 데리고 오다

* The Dragon Lady, career-obsessed.

  - career-obsessed: 일에 중독된 사람
  - obsessed: 에 집착하게] 하다. 사로잡히다.

* she's barely speaking to anyone:

그녀는 거의 아무하고도 얘기하지 않아.

- barely: 거의 ~ 않다.

* Don't be ridiculous: 터무니없는 소리 하지 마.

- ridiculous: 웃기는, 말도 안 되는, 터무니없는

♣ 영화 속 문화 이야기

〈Lady first〉

Lady first라고 하면 일반적으로 여성을 배려하는 것이라고 알고 있습니다. Lady First는 서양의 마쵸(macho) 정신의 발로입니다. 즉, 남자가 여자에게 '너는 나에게 절대로 도전할 수 없는 존재야' 하는 것이 그 시초입니다. Lady first 유래는 전쟁에서 전투력이 떨어지는 여성을 먼저 위험 지역으로 보내서 지뢰밭의 위험이 없는지 확인시킨 데에서 비롯되었다고 합니다.

* Macho: 스페인어로 남자나 사내를 뜻하는 것입니다.

마초이즘(machoism)이란 역사시대부터 진행되어온 남자 중심의 가부장제도와 호적제도, 그리고 남자다움이 물씬 풍기는 것, 남자의 자존심,

남자 중심 사회에 대한 비판 등 여러 가지 의미로 사용되고 있으며 극우파나 왕정중심의 전제군주 정치로 확대해석하기도 합니다.

〈Noblesse Oblige〉

"Noblesse Oblige"는 가진 자의 도덕적 의무란 뜻을 가지고 있습니 다. 이 말은 유럽의 상류층들은 전쟁이 나면 앞장서서 싸우고, 사회적으로도 자신이 가지고 있고, 누리고 있는 것만큼 의무 역시 잘 이행하고 있다는 것을 의미합니다. 노블리스 오블리제란 말이 처음 나온 것은 프랑스 대혁명 직전 프랑스 귀족사회에서 가장 특권의식이 강한 프랑스 귀족을 풍자한 말이라고 합니다. 자신의 영지에 높은 세금을 물려 그것으로 사치하기 일쑤였고 그것으로도 부족하면 빚까지 얻어 사치에 썼으니 그러한 프랑스 귀족사회를 경계하는 의미에서 나온 것이 노블리스 오블리제입니다. 노블리스 오블리제를 잘 지켜서가 아니라 제대로 지키지 않아 나온 말인 셈 입니다.

♣ 미국의 문화 이야기

〈Halloween〉

할로윈 축제의 유래에 대해서는 여러 가지 설이 있지만 가장 정통으로 인정받는 것은 유럽 아일랜드의 켈트족의 축제에서 유래했다는 설입니다. 켈트족은 겨울이 시작되는 11월 1일을 새해 첫 날이라 여겨서 10월 31일을 한해의 마지막 날로 생각했습니다. 켈트족들은 사람이 죽으면 바로 저 세상으로 가는 것이 아니라 1년간 다른 사람의 몸에 들어가 있다가 저 세상으로 간다고 믿었습니다. 그래서 10월 31일이 되면 앞으로 새로운 1년간 죽은 영혼들이 1년간 들어가 지낼 사람을 찾아다닐 거라 생각해 그것을 막기 위해 귀신이나 유령 등의 분장을 해서 죽은 영혼들을 속이려 했다는 것이 할로윈 축제의 시작이었다고 전해집니다.

그러다가 유럽에 기독교가 널리 퍼지게 되면서 교황이 따로 기념하는 날이 없는 모든 성인들을 모아서 기념하는 날인 'All Saint's Day'를 11월 1일로 지정하게 됩니다. 성인을 뜻하는 'saint'의 고대 영어가 'hallow'여서 그 당시에는 'All Hollow's Day'라고 불렀습니다. 그리고 그 뒤에 자연스럽게 10월 31일을 모든 성인의 날 전야라는 뜻으로 'All Hallow e'en'이라 부르게 되었죠. 'e'en'은 'eve'의 축약형입니다. 그 말이 줄어들어 지금의 'Halloween'이 되었다고 합니다.

이미 언급했듯이 할로윈데이는 원래 켈트족의 풍습이었으나 북유럽 여기저기로 퍼져나가 영국인들이 아메리카 대륙으로 건너가며 미국에도 조금씩 전파되고 시작했고 결정적으로 미국의 대표 축제로 발돋움하게 되는 사건이 발생합니다. 19세기 초반 경, 아일랜드에 대기근이 발생하게 됩니다. 이 당시 아일랜드인의 주식은 감자였는데 흉년이 겹쳐 굶어죽는 사람들이 속출하여 아일랜드 전체 인구의 4분의 1 가량이 사망하게 됩니다. 이 대기근을 피해 100만에 달하는 아일랜드인들이 대서양을 건너 미국으로 이주하게 되고 그로 인해 아일랜드인들의 풍습이 미국 문화 곳곳에 스며들게 됩니다. 그 중 하나가 바로 할로윈 축제인 것이죠. 그리고 그 영향이 태평양을 건너와 우리에게까지 전달되어 현재 우리가 그 문화를 즐길 수 있게 된 것입니다.

〈Black Friday〉

Black Friday는 미국의 11월 넷째주 목요일인 Thanksgiving day의 금요일이라는 형식적인 이름으로 불려진다. Black Friday는 Thanksgiving day가 지난 후 크리스마스를 위한 쇼핑 시즌으로 1952년부터 Black Friday라는 명칭으로 자리 잡게 되었다. Black Friday는 공식적으로 휴일로 지정 되어진 것은 아니지만 California 및 몇몇 주에서는 Black Friday를 공휴일로 지정하기도 했다.

Black Friday는 미국에서 가장 큰 할인행사 기간이다. 대부분의 상점에서 한해에서 가장 높은 할인율을 제공하며 크리스마스를 위한 선물과 한해를 마무리 하는 기념 선물을 준비하며 Black Friday의 매출이 미국 상점들의 연매출의 11%를 차지한다는 것으로 보아 Black Friday가 얼마나 큰 쇼핑 행사인지 알려주고 있다. Black Friday와 연관된 날로는 Cyber Monday가 있다. Cyber Mondays는 Becoming One of the Biggest Online Shopping Days of the Year"라는 문구를 걸고 나오면서 시작되었다. Cyber Mondays는 위에 나오는 문구 뜻대로 온라인에서 진행되는 Black Friday라고 알려져 있으며 미국의 통계 자료에 따르면 77%의 온라인 소매상들에 따르면 추수감사절 다음주 월요일에 판매가 급증한다고 한다, 이러한 현상은 금년 사이버 먼데이(Cyber Monday)에 대규모 온라인 할인과 판매촉진행사를 이끌었다. 이렇듯 매년 증가하는 온라인 쇼핑을 토대로 Black Friday라는 개념을 넘어 Cyber Mondays로 변화해가는 과정이 미국에서 나타나고 있다.

〈Thanks Giving Day〉

1620년 9월 16일 영국, 윌리엄 브래드포드(William Bradford)를 비롯한 102명의 청교도들이 박해를 피해 포도주 운반선 'Mayflower'호에 몸을 싣고 플리머스 항(Plymouth Harbor)을 떠났습니다. 오랜 항해 끝에 12월, 북아메리카 동부의 어느 한 연안에 닻을 내렸고, 그들은 그곳을 플리머스(Plymouth)라고 이름 붙였죠. 그곳이 지금 미국 매사추세츠의 항구도시인 플리머스(Plymouth) 입니다.

그해 겨울, 그들 중 반 이상이 추위와 괴혈병 등으로 목숨을 잃었는데, 살아남은 사람들은 원주민이었던 인디언들의 도움으로 농사법을 익히며 정착할 수 있었습니다. 그리고 이듬해 가을, 비로소 곡식을 추수할 수 있었죠. 지도자 윌리엄 브레드포드(William Bradford)는 농부들의 노고를 위로하고 추수에 대한 감사의 축제를 3일 동안 열도록 했습니다. 정착을 도와준 인디언들을 초대해 추수한 곡식을 나누어 먹었고 이 날 누군가가 칠면조를 사냥해 와 칠면조 고기를 함께 먹기도 했습니다.

이후 1789년, 미국의 초대 대통령 조지 워싱턴(George Washington)은 추수감사절을 11월 26일로 정하고 국경일로 제정했으나 3대 대통령 토머스 제퍼슨(Thomas Jefferson)은 영국의 관습이라며 추수감사절을 폐지했습니다. 그러다 1864년, 16대 대통령 에이브러햄 링컨(Abraham Lincoln)이 11월 넷째 주간을 추수감사주간으로 정했고, 1941년에 이르러 미국 의회는 지금의 11월 넷째 주 목요일을 추수감사절로 결정했습니다. 그렇게 미국인들을 해마다 11월 넷째 주 목요일이 되면 칠면조 고기(Turkey)와 옥수수 빵(Corn bread), 호박파이(Pumpkin pie) 등을 먹으며 추수감사절을 기념하고 있게 된 것이죠.

이 풍습은 여러 나라에 전해져 캐나다는 10월 둘째 주 월요일에, 영국은 8월 1일에, 우리나라의 많은 교회에서는 11월 셋째 주 일요일에 추수감사절을 기리고 있습니다. 또 일부 교회들은 추석을 추수감사절로 지키기도 합니다.

• H-reduction

영어 발음할 때, 문장 어두에 [h]가 있으면 [h]가 제 음가를 발휘해 소리를 내지만 문장 중간에 위치할 때는 [h]가 발음되지 않고 생략되는데 이러한 발음되는 현상을 H-reduction 이라고 합니다.

call + (h)im = 기능어인 him의 h가 약음으로 생략되어 [im]으로 발음합니다.

ex) Is he busy? [iz-hi-bizi] → [iz-i-bizi]

자~ 유의해서 발음해 보세요

used to have [ju:st həv] → [ju:stəv]

What [hwət] → [wət]

some of his books [səm əv his] → [səm əvis]

• Weak vowel transfer

같은 의미단락 내에서 뒤에 나오는 단어의 첫 음절이 약모음 [ə]로 시작되는 경우에 이 약모음이 앞 단어의 끝 자음으로 이동하여 발음하는 현상을 약모음이동(weak vowel transfer)이라고 합니다.

자~ 유의해서 발음해 보세요

Getting off to a quite → [tuə]

As a serious law student → [ǽzə]

Two weeks ago → [wiːksə] [góu]

President of my sorority → [prézədəntə] [mai]

• True Colors

--- Anna Kendrick, Justin Timberlake ---

You with the sad eyes
Don't be discouraged, oh I realize
It's hard to take courage
In a world full of people
You can lose sight of it all
The darkness inside you
Can make you feel so small
Show me a smile then
Don't be unhappy
Can't remember when
I last saw you laughing
This world makes you crazy
And you've taken all you can bear
Just call me up
Cause I will always be there
And I see your true colors
Shining through
I see your true colors
And that's why I love you

So don't be afraid to let them show

Your true colors

True colors are beautiful

I see your true colors

Shining through (true colors)

I see your true colors

And that's why I love you

So don't be afraid to let them show

Your true colors

True colors are beautiful (they're beautiful)

Like a rainbow

Oh oh oh oh oh like a rainbow

Ooh can't remember when

I last saw you laughing

Ooh oh oh oh This world makes you crazy

And you've taken all you can bear

Just call me up

Cause I will always be there

And I see your true colors

Shining through

I see your true colors

And that's why I love you

So don't be afraid (don't be afraid)

To let them show your true colors

True colors are beautiful (you're beautiful, oh)

Like a rainbow

Oh oh oh oh oh like a rainbow

Mmm mmm

* You with the sad eyes.

슬픈 눈의 너

표정이나 상태를 묘사할 때 자주 사용되는 표현이다.

ex) He with the sad eye stared shore for a long time.
그는 슬픈 눈으로 오랫동안 해변을 보고 있었다.

ex) Sara with the lovely big eye watched me with affection.
사라는 애정 어린 크고 사랑스러운 눈으로 나를 바라보았다.

ex) Tom with angry eyes glare at someone.
톰은 화난 눈으로 누군가를 노려봤다.

* Don't be discouraged.

용기를 잃지 말아요.

* It's hard to take courage.

용기내기 어려운거 알아요.

- Courage : 용기

ex) He showed great courage and determination.

그는 대단한 용기와 결의를 보여줬다.

- Encourage : 격려하다, 고무하다.

ex) He would encourage her to reveal her true feelings.

그는 그 여자가 솔직한 감정을 드러내도록 이끌어냈다.

- Discourage : 좌절시키다, 낙담시키다, 막다.

ex) The weather discouraged people from attending.

날씨가 안좋아서 사람들 참석률이 낮았다.

* And you've taken all you can bear.

그리고 당신은 당신이 참을 만큼 참아왔어요.

- Take all you can bear : 참을 대로 참다

- Bear : 견디다, 참다.

ex) She couldn't bear the thought of losing him.

그녀는 그를 잃는다는 생각에 견딜 수가 없었다.

* Just call me up.

그냥 내게 전화해요.

- Call somebody up : ~에게 전화를 걸다.

ex) Why don't you call your friends up for having dinner to gether?

네 친구들한테 저녁 먹자고 전화하지 그래?

* I see your true colors.

나는 당신의 진정한 색깔을 알아요.

- 다시 말하면 '나는 당신의 진실된 모습을 알아요'.

* So don't be afraid to let them show.

그러니 두려워하지 말고 당신의 색을 보여주세요.

- be afraid to do something : ~할 것을 두려워하다.

ex) Be afraid to being arrogant : 자만을 두려워해라.

- be afraid of : ~을 두려워하다.

ex) There's no need to be afraid of your shadow.

당신 그림자에 겁낼 필요는 없다.

* True colors are beautiful
Like a rainbow

진실된 모습은 무지개처럼 아름다워요.

* Shining through

빛을 발하다.

ex) Her old professional skills shone through.

그녀의 뛰어난 솜씨가 빛을 발했다.

• Love yourself

--- Justin Beiber ---

For all the times that you rain on my parade

And all the clubs you get in using my name

You think you broke my heart, oh girl for goodness sake

You think I'm crying, on my own well I ain't

And I didn't wanna write a song 'cause I didn't want anyone thinking

I still care

I don't but, you still hit my phone up

And baby I be movin' on and I think you should be somethin'

I don't wanna hold back, maybe you should know that

My mama don't like you and she likes everyone

And I never like to admit that I was wrong

And I've been so caught up in my job, didn't see what's going on

And now I know, I'm better sleeping on my own

Cause if you like the way you look that much

Oh baby you should go and love yourself

And if you think that I'm still holdin' on to somethin'

You should go and love yourself

But when you told me that you hated my friends

The only problem was with you and not them

And every time you told me my opinion was wrong

And tried to make me forget where I came from

And I didn't wanna write a song cause I didn't want anyone thinking

I still care

I don't but, you still hit my phone up

And baby I be movin' on and I think you should be somethin'

I don't wanna hold back, maybe you should know that

My mama don't like you and she likes everyone

And I never like to admit that I was wrong

And I've been so caught up in my job, didn't see what's going on

And now I know, I'm better sleeping on my own

Cause if you like the way you look that much

Oh baby you should go and love yourself

And if you think that I'm still holdin' on to somethin'

You should go and love yourself

For all the times you made me feel small

I fell in love, now I feel nothin' at all

I never felt so low when I was vulnerable

Was I a fool to let you break down my walls?

Cause if you like the way you look that much

Oh baby you should go and love yourself

And if you think that I'm still holdin' on to somethin'

You should go and love yourself

Cause if you like the way you look that much

Oh baby you should go and love yourself

And if you think that I'm still holdin' on to somethin'

You should go and love yourself

* **For all the times that you rain on my parade.**

넌 항상 내 일을 망쳤다.

- rain on somebody's parade.

  : ~의 일을 망치다, 엉망으로 만들다.

  ex) Look, I don 't want to rain on his parade .

  이봐! 난 그의 일을 망치고 싶지 않아.

  ex) I'm really sorry to rain on your parade.

  당신 일을 망쳐서 정말 미안해요.

* I don't wanna hold back

난 숨기고 싶지 않아.

- Hold back : 숨기다, 비밀로 하다, 기다리다, 저지하다.

  ex) I tried to hold back my anger.

  나는 분노를 참으려고 애썼다.

  ex) He tried to hold back the tears.

  그는 눈물을 참으려고 애썼다.

* I've been so caught up in my job

내 일에 너무 열중해 있었다.

- Caught up in something : ~에 사로잡혀있다.

  ex) I found myself caught up in this problem.

  나는 내 자신이 이 문제에 말렸다는 것을 알았다.

- 응용 : You are caught up in your feelings.

  너는 너의 감정에 너무 빠져있다.

* I was vulnerable

나는 상처받기 쉬운 사람이었다.

- Vulnerable : 상처받기 쉬운, 취약한, 연약한

ex) She looked very vulnerable standing there on her own.

거기에 혼자 서 있는 그녀는 너무나 연약해 보였다.

ex) Don't leave your PC vulnerable to the latest threats.

PC를 최신 위협에 취약한 상태로 두지 마십시오.

• Suddenly I See

--- KT Tunstall ---

Her face is a map of the world
Is a map of the world
You can see she's a beautiful girl
She's a beautiful girl
And everything around her is a silver pool of light
The people who surround her feel the benefit of it
It makes you calm
She holds you captivated in her palm
Suddenly I see (suddenly I see)
This is what I wanna be
Suddenly I see (suddenly I see)
Why the hell it means so much to me(Suddenly I see)

This is what I wanna be

Suddenly I see (suddenly I see)

Why the hell it means so much to me

I feel like walking the world

Like walking the world

You can hear she's a beautiful girl

She's a beautiful girl

She fills up every corner like she's born in black and white

Makes you feel warmer when you're trying to remember

What you heard

She likes to leave you hanging on her word

Suddenly I see (suddenly I see)

This is what I wanna be

Suddenly I see (suddenly I see)

Why the hell it means so much to me(Suddenly I see)

This is what I wanna beSuddenly I see (suddenly I see)

Why the hell it means so much to me

And she's taller than most

And she's looking at me

I can see her eyes looking from the page of a magazine

Oh, she makes me feel like I could be a tower

A big strong tower, yeah

The power to be

The power to give

The power to see

She got the power to be

The power to give

The power to see, yeah, yeah(Suddenly I see)

She got the power to be

The power to give

The power to see, yeah, yeah(Suddenly I see)

She got the power to be

The power to give

The power to see, yeah, yeah(Suddenly I see)

She got the power to be

The power to give

The power to see, yeah, yeah

Suddenly I see (Suddenly I see)

This is what I wanna beSuddenly I see (Suddenly I see)

Why the hell it means so much to me(Suddenly I see)

This is what I wanna beSuddenly I see (Suddenly I see)

Why the hell it means so much to me(Suddenly I see)

Suddenly I see (Suddenly I see)

Why the hell it means so much to me(Suddenly I see)

Suddenly I see (Suddenly I see)

Why the hell it means so much to me

* Everything around her is a silver pool of light

그녀 주변의 모든 것들은 은빛 물결이 된다.

* The people who surround her feel the benefit of it

그녀 주변의 사람들은 그 빛을 느끼지.

- Surround : 둘러싸다, 에워싸다, 포위하다.

ex) Tall trees surround the lake.

큰 나무들이 호수를 둘러싸고 있다.

- Benefit : (명사) - 혜택, 이득 / (동사) - 유익하다, 유용하다, ~에서 득을 보다.

- 동사로 쓰일 때의 응용 :

Only a small portion of people will benefit.

* will benefit: 혜택을 받을 것이다.

* She holds you captivated in her palm.

너는 그녀의 손에 사로잡히고 말거야.

- Captivate : ~의 마음을 사로잡다, 매혹하다.

ex) The boys were captivated by her stories.

그 꼬마 아이들은(꼬마들은) 그녀의 이야기에 매료되었다.

- Palm : 손바닥, 야자나무

ex) Sweaty palms.

땀에 젖은 손바닥.

* I feel like walking the world.

나는 세상을 걷는 느낌이 들어.

ex) I feel like walking on the sky.

나는 하늘을 걷고 있는 기분이야.

* She likes to leave you hanging on her word.

그녀는 네가 자기 얘기를 계속 해주길 바래.

- leave + somebody + hanging on the word

~를 계속 ~말 하게 하다.

ex) The teacher left us hanging on the words.

선생님은 우리가 계속 떠들도록 놔뒀다.

* She makes me feel like I could be a tower.

그녀는 내가 높아진듯한 기분이 들게 해.

- make + someone + feel like + someone could be a tower.

~를 높아진 기분이 들게 만들다.

ex) I made my friend feel like he can be a tower.

나는 내 친구를 우쭐하게 만들었다.

* Suddenly I see why the hell it means so much to me.

갑자기 이게 나에게 엄청난 의미가 된다는 것을 알았어.

- Why the hell

도대체 왜!

ex) Why the hell didn't you listen to me?

도대체 왜 내말을 듣지 않는 건데?

• Idiom 〈Shopping〉

1. Bargain basement

   A: That's a nice jacket. It must have cost a fortune!

   B: Actually, it was on sale, so I got it for the bargain-basement price of $340.

   A: That's great.

* bargain basement: (흔히 매장의 지하층에 있는) 할인 품목 코너, 백화점의 특매장

2. Mind the store

   A: I have an urgent meeting with the director. So I'll be out of the office just for a while.

   B: Okay. I'll mind the store while you're out...

* mind the store: mind the shop: (누가 없는 동안에) … 을 담당하다 [책임지다]

3. Window shopping

   A: Let's go shopping.

   B: But you never buy anything.

   A: I just like a window shopping. That gives me enough

pleasure.

* Window shopping: 우리가 흔히 eye shopping이라고 사용하는 표현으로 물건은 사지 않고 구경만 한다는 의미의 올바른 영어 표현입니다.

4. Ripped off

A: A: Wow~ what is it? It looks so good!

B: It's Brand new watch.

A: Do you mind if I ask you how much it is?

B: It was about three hundred thousand won.
Isn't it good deal?

A: I don't think so. Frankly speaking, you got ripped off.

* Ripped off: 바가지 쓰다. 먼저, 단어 rip은 찢다.
벗겨내다 라는 뜻으로 off는 몸에서 떨어진다는 의미를 가지므로 rip off 은 기본적으로 약탈하는 느낌의 표현 입니다.

= pay through the nose:

5. Sale

1) Clearance sale: 창고 정리 판매, 염가 처분 판매

2) Go out of business sale: 폐업 정리 세일

3) Garage sale: 필요 없는 물건이나 처분하고 싶어 하는 물건들

을 차고에 쌓아놓고 싸게 파는 세일.

4) Yard sale: garage sale과 비슷한데 마당에 놓고 판매하는 것이 다릅니다.

• Idiom 〈Food〉

1. Bite your head off

A: She hates me,

She usually bites my head off.

B: I don't think so. She is doing her job.

* Bite your head off :무턱대고 화를 내다.

2. Chew the fat

A: How was the party?

B: It was great to meet all my old friends.

A: I'm sure you had fun there.

B: Yes. Chewing the fat about our schooldays.

* Chew the fat: 중요하지 않은 것에 대해 잡담하다.

* 유래

에스키모인들이 고래의 지방이나 비계 조각을 츄잉 껌처럼 씹으며 다른 이들과 잡담을 한 것에서 유래한 관용구(Chew the fat)입니다. 입니다.

3. Bite my tongue

A: I think I'll go in and give the boss a piece of advice.

B: Why don't you bite your tongue.

You know his personality.

He never listens to others.

* Bite my tongue: 하고 싶은 말을 참다,

이를 악 물고 참다. BMT(bite my tongue): SNS용어

4. Piece of cake

A: I'm very nervous.

Taking math exam makes me crazy.

B: it's a piece of cake.

* Piece of cake: 식은 죽 먹기 = easy as pie

5. Hot potato

A: Did you renew your contract?

B: Yes. But there's a change which is a real hot potato.

* Hot potato: 어렵거나 난관에 봉착한 상황을 표현.

= Gordian knot

Winter / Rhapsody of Lovers

영화 <Bohemian Rhapsody> 속 명대사

We are the champions, we are the champions

No time for losers

Cause we are the champions of the world"

우리는 챔피언입니다

패배자들을 위한 시간은 없어요

왜냐하면 우린 이 세상의 챔피언이니까요

Episode 35 We belong to them

John Reid: So, tell me. What makes 'Queen' any different from all of the other wanna be rock stars I meet?

Freddie Mercury: We're four misfits who don't belong together.

We're playing for the other misfits.

They're the outcasts, right at the back of the room.

We're pretty sure they don't belong either.

We belong to them.

* wanna be: 유명인을 닮고 싶어 하는 사람
* rock stars: 록 음악으로 성공한 가수, 스타
  - wanna be rock stars 록으로 성공하고 싶어 하는 사람[지망생]
* misfit: 부적응자
* outcast: 따돌림을 받는 사람
  - They're the outcasts, right at the back of the room.
    그들은 잘 나서지 못하는 왕따들이에요.
  - 'at the back of the room'은 말 그대로 해석하면 방 안의 가장 뒤쪽을 의미하지만 이 표현에서는 가장 후미진 곳, 즉 사람들의 앞에 서지 못하고 주목받지 못하는 곳에 머물러 있다는 의미로 사용했습니다.
* either: 또한, 역시

- 대개 'either'는 뒤에 'or'과 같이 붙어 둘 중 어느 하나의 것을 고르는 표현으로 사용하지만, 'either' 혼자 부정문에 쓰일 때 그 의미는 '또한, 역시'라는 의미로 쓰입니다.
따라서 위에 Freddie Mercury의 대사 가운데 "We're pretty sure they don't belong either."는 "우리는 그들 역시 속해있지 못하고 있음을 확신합니다."의 의미입니다.

* We belong to them. 우리는 그들에게 속해있어요.

Episode 36 Fortune favors the bold

Ray Foster: Bohemian..

Brian May: Rhapsody.

Ray Foster: Rhapsody, what is that?

Freddie Mercury: An epic poem.

Ray Foster: It goes on forever, six bloody minutes!

Freddie Mercury: I pity your wife if you think six minutes is forever.

Freddie Mercury: And you know what? We're going to release it as our single.

Ray Foster: [laugs] Not possible. Anything over three minutes, and the radio stations won't program it. John?

John Reid: Yeah, we need radio. Format is three minutes.

Ray Foster: What about 'I'm in Love with My Car'?

[disappointed look on Queen's faces before Freddie kicks Ray's desk]

Ray Foster: We need a song teenagers can bang their heads in a car.
Bohemian Rhapsody is no that song.
Mark these words. No one will play 'Queen'.

Jim Beach: **Fortune favors the bold.**

* Bohemian: 보헤미안의, 자유인의
  - Queen의 대표적인 명곡인 'Bohemian Rhapsody'에서 'Bohemia'는 체코의 한 지역이자 과거 체코 지역에 존재했던 보헤미아 왕국을 의미하는데 역설적이지만 노래 'Bohemian Rhapsody'의 내용과 'Bohemia'와는 관련이 없습니다. 과거 15세기 무렵부터 이 곳 저 곳을 유랑하는 민족으로 유명한 'Gipsy'족이 'Bohemia' 지역에 다수 거주했다고 하여 'Gipsy'족을 'Bohemian'이라 지칭하기도 합니다. 그래서 자유분방한 'Gipsy'족들을 의미하여 'Bohemian'을 '자유인'이라는 의미로 사용 합니다.
* It goes on forever! 영원히 지속될 것만 같아!
* bloody: 망할, 젠장
* I pity your wife: 당신의 아내가 불쌍하군.
* We're going to release it as our single.
  우리는 그것을 싱글로 발매할 것이다.
* bang one's head: 신나서 머리를 흔들다
* Mark these words. 내 말 잘 새겨들으세요.
* Fortune favors the bold. 부(富)는 대담한 사람에게 따라오는 법이죠.

Episode 37 Who even is Galileo?

Roger Taylor: [singing] Galileo! Galileo, Figaro!
How was that?

Freddie Mercury: Higher.

Brian May: Can you go bit higher?

Roger Taylor: For going higher, any dogs will hear me.

Freddie Mercury: Try!

Roger Taylor: [singing] Galileo! Galileo, Figaro!

Freddie Mercury: Higher.

Roger Taylor: Jesus! How many more 'Galileo's do you want?

John Deacon: One more, one more.

Roger Taylor: **Who even is Galileo?**

Freddie Mercury: Now, there opera section comes in.

Brian May: The opera section, yeah.

* How was that? 어땠어? 괜찮았어?

* Can you go bit higher? 조금만 더 올릴 수 있어?

  - bit: 조금, 약간

* For going higher, any dogs will hear me.

  더 올리면 개들도 내 말을 알아듣겠다.

  (ex) If I shout louder, nobody can understand what it means.

  여기서 더 소리 지르면 무슨 뜻인지 아무도 모를 거야.

* Jesus! 이런! 세상에나!

  (= Jesus Christ!, Oops!, Oh my goodness!, Oh my God!)

* Who even is Galileo? 갈릴레오라는 사람이 도대체 누구야?

* Now, there opera section comes in.

  이제 여기에 오페라 부분이 들어갈 거야.

Episode 38 I say what goes!

Brian May: We want to do something different.

Ray Foster: It's my money, **I say what goes!**

Brian May: We can't simply repeat ourselves.

Freddie Mercury: No... we can do better.

* We want to do something different:

우리는 뭔가 다른 것을 원해요.

- something/ anything은 형용사가 뒤에서 수식.

ex) I need something hot now.

* I say what goes! : 내가 하는 말은 무슨 일이 있어도 이행돼야 한다.

* we can do better: 우리는 더 잘 할 수 있어.

♣ 영화 속 문화 이야기

〈Song〉

1. British Invasion

브리티시 인베이전(British Invasion)이란 주로 영국 출신 록, 팝 가수들이 미국이나 캐나다, 오스트레일리아 등지에서 흥행에 크게 성공을 거둔 것을 말합니다. 브리티시 인베이전은 특히 1964부터 1966년 사이에 일어났던 음악적 조류를 가리키는데 보통은 그 이후 진행되었던 영국 음악의 세계적 대중화를 말합니다. 그 당시 미국 빌보드 차트는 다른 나라 뮤지션들에겐 넘기 힘든 높은 장벽이었습니다.

하지만 1964년 2월 1일!! 빌보드 싱글 차트 1위에 비틀스의 [I Want To Hold Your Hand]가 올랐고 이를 시작으로 영국의 록밴드들이 미국 차트를 점령하며 승승장구하던 시기를 평론가들은 '브리티시 인베이전'이라고 합니다.

2. 미국의 흑인 음악

아프리카 식민지 노예였던 흑인들은 백인들과 함께 미 대륙에 정착을 하며 살게되었습니다. 이들은 주로 백인들의 농장일을 하는 노예 생활을 하였는데, 이때 특별한 악기도 없이 자신들의 목소리만으로 선율과 리듬을 만들어내며 서로 문답(Call Response)형식으로 주고받던 '노동요(Field holler)'는 훗날인 지금도 목소리를 하나의 중요한 악기로 취급하는 흑인음악의 형식인 R&B, 소울, 아카펠라 등과 비트 메이킹을하는 비트박스, 즉흥적인 생각을 읊조리는 랩에 이르기까지 거대한 팝시장의 메인스트림을 차지하는 흑인음악의 시초로 여겨지고 있습니다.

흑인음악은 흑인들이 작곡한 음악에 대한 총칭으로 아프리카 토속적인 민요에서부터 재즈, 스윙, 넓게는 락 및 클래식 음악까지 포함하는 매우 포괄적인 개념입니다. 흑인음악은 우리의 전통국악과 같이 5음 음계의 선율과 강한 당김음 등의 특징과 교회음악 부류인 가스펠, CCM 등의 영향을 받아서 흑인음악 특유의 성격을 나타냅니다.

■ GOSPEL (1700년대) 노예들에게 종교가 허용되면서 좌절과 고통을 표현할 수 있는 자연스러운 통로가 되었고 "화답형식"의 노동요가 더욱 발전하여 함께 모여 찬양하고 경배한 방식이 가스펠이었습니다. 노예 해방 이후 가스펠은 더욱 발전했으며 이후 모든 음악 장르와 함께 가스펠은 발전하게 됩니다.

■ BLUES (1865년 경) 남북전쟁이후, 자유를 누리게 된 흑인들은 새로운 세계의 적응이 필요 했습니다. 그들의 영혼에서 블루스가 탄생

하게 된 것은 바로 백인으로부터 자유로운 그들만의 세상으로의 외침입니다. 블루스는 아직 흑인들에게만 향유되는 흑인만의 음악일 뿐이었으나 재즈의 등장과 함께 더욱 발전합니다.

■ JAZZ : (1900년대) 노예였던 자신들 자아에서 벗어나 "미국인"으로서의 역할을 하기 위해 노력하고 노예로 있었던 남부를 떠나 북부로 모여들게 되는데 "American dream"은 초기 서부의 개척자들에게 그랬던 것처럼 흑인들에게도 중요한 구심점이었습니다. 군악대가 일시적으로 프랑스인들 사이에서 대 유행했던 것이 미국으로 전파되어 악기가 수입되고 이런 악기들과 그것들이 만들어 낼 수 있는 사운드에 매료됩니다. 이것이 널리 퍼지면서 Ragtime으로 다음에는 Jazz로 발전됩니다.

■ RHYTHM & BLUES (1940년대) 대중에게 수용되면서 Jazz는 점차 여러 가지 측면에서 본래의 정신을 잃으면서 리듬과 사운드에 더욱 충실하고 가스펠의 감정이 혼합되어 흑인음악은 새롭게 진화하게 되는데, 블루스를 중심축으로 부활하게 됩니다.

■ FUNK (1970년대) Funk는 몸 냄새를 의미하는 흑인들의 속어에서 그 이름을 따온 것으로 Funk는 거리의 음악이었고 마약의 음악이었고 Rock'n Roll이었습니다.

■ HIP HOP과 RAP (1978년대) Hip Hop은 자체의 목소리를 가진 문화로, 랩은 노동요로 돌아가려는 "부르고 화답하는" 형식으로 R&B의 리듬위에 "랩핑"을 하는 새로운 장르로 발전합니다.

Episode 39 You'd left behind comes creeping back in

Jim Hutton: So all your friends have left you alone.

Freddie Mercury: They're not my friends, not really. They're distractions.

Jim Hutton: From what?

Freddie Mercury: The in between moments I suppose. I find me intolerable. All of the darkness you thought **you'd left behind comes creeping back in.**

Jim Hutton: I know what you mean.

Freddie Mercury: Really? What is it that you do with them?

Jim Hutton: Spend them with real friends. You look like you could use a friend.

* all your friends have left you alone:
  네 친구들은 모두 널 혼자 내버려뒀어.
  - leave alone: 혼자 두다.

* they're distractions: 잠깐 노는 거예요.
  - distraction: 주의산만, 오락 활동

* All of the darkness you thought you'd left behind comes creeping back in:
  당신이 밀어두었다고 생각한 어두움이 서서히 돌아온다.

- leave behind: 밀어두다.

- creep: 서서히 진행되다.

* I know what you mean: 당신이 의미하는 것을 나는 알아요.

  - what: ~인 것

* You look like you could use a friend:

  당신은 친구를 이용하는 것처럼 보여요.

  - look like: ~인 것 같은

※ What does he like? 그는 무엇을 좋아 합니까?

(좋아하는 것을 묻는 질문)

What does he look like? 그는 어떻게 생겼습니까?

(외모를 묻는 질문)

What is he like? 그 사람 어때요?

(외모, 성격 등 전반적인 것을 묻는 질문)

Episode 40 You're a legend, Fred

Freddie Mercury: Before you leave, can I have a second?

Brian May: Yeah. What's up?

Freddie Mercury: I've got it.

John Deacon: Got what?

Freddie Mercury: AIDS. I wanted you to hear it from me.

Brian May: Fred, I'm so sorry.

Freddie Mercury: Brian, stop. Don't. But right now, it's between us, alright, just us. But please, if any of you fuss about it, or frown about it, or worst of all, if you bore me with your sympathy, that's just seconds wasted, seconds that could be used for making music, because you're all I want to do with the time I have left. I don't have time to be their victim, their AIDS poster boy, their cautionary tale. No, I decide who I am. I'm going to be what I was born to be, a performer, to give the people what they want. Go to the heavens, Freddie fucking Mercury.

Roger Taylor: **You're a legend, Fred.**

* can I have a second? 잠깐만요?

  = Give me a second.

* What's up? 무슨 일이세요?

  = What's the matter?, What's new?, What's happening?

* that's just seconds wasted. : 그건 시간을 버리는 것이야.

* you're all I want to do with the time I have left.

  나에게 남은 시간을 함께하고 싶은 사람은 당신 뿐이에요.

  - the time I have left: 나에게 남은 시간

* cautionary tale : 경계심을 주는 이야기

* I'm going to be what I was born to be, a performer:

  나는 내가 가수로 태어난 것처럼 그렇게 될 거야.

  - I was born to be a performer:

    to 부정사의 (결과) 용법 이해(태어나서 연주자가 되다)

  - performer: 쇼에서 공연을 하는 연기자 혹은 연주를 하는 연주자

* You're a legend, Fred: Fred, 당신은 전설이에요.

♣ 영화 속 문화 이야기

〈Freddie Mercury 그리고 영국 문화〉

파르시

Parsi. 인도에 거주하는 조로아스터교 신도들을 가리키는 말. 파르시란 페르시아 사람이라는 뜻이며, 정확히는 페르시아와 파르시 모두 어원이 이란의 파르스 주에서 나왔습니다. 한마디로 인도에 거주하는 페르시아인(Persian) 입니다. 현재 인도에 6만 명이 거주하며 파키스탄에도 1400 명이 살고 있습니다. 파르시 출신 유명인으로 잠세트지 타타(Jamsetji Tata), 프레디 머큐리(Freddie Mercury), 주빈 메타(Zubin Mehta)가 있습니다. 인도에서 파르시는 생활 수준과 교육 수준이 높은 편이며 인도의 재벌 기업인 타타 그룹도 파르시가 세운 기업입니다.

Freddie Mercury의 고향과 혈통

그는 아프리카 탄자니아에 위치한 잔지바르에서 태어났으며 인도와 페르시아의 혈통을 물려받았습니다.

* 프레디 머큐리와 보수적인 무슬림 사회인 그의 고향 '잔지바르'에 대해서

파로크 불사라

머큐리는 1946년 9월 5일 잔지바르 정부 병원에서 태어났으며, 그의 본명은 파로크 불사라이고, 그의 부모 보미와 젤 불사라는 파르시였습니다.

파르시는 조로아스터교리를 따르며 인도에 거주하는 페르시아의 후예를 가리킵니다.

잔지바르 사람들과 조로아스터교도들에게 있어 머큐리는 불편한 존재였습니다. 머큐리가 양성애자였기 때문입니다.

잔지바르 군도의 대표적인 종교는 이슬람교이며, 2004년엔 동성애를 불법으로 규정했습니다.

2006년, 머큐리의 60번째 생일을 기념하기 위해 동성애자 관광객들이 섬을 방문한다고 하자 잔지바르의 한 무슬림 조직은 반발 시위를 열기도 했습니다.

'자유로운 생활방식' 때문에 보수적인 이슬람 사회에서는 머큐리가 논쟁거리가 되기도 하지만, 주민들이 그를 자랑스럽게 여기는 것도 사실입니다.

"주민들은 프레디를 자랑스럽게 생각해요. 이 섬에서 세계 음악 시장에 영향을 미친 사람을 배출했다는 것에 자부심을 느끼죠."

보모

머큐리의 사촌 페르비즈 다룬카나왈라에 따르면 머큐리는 비교적 유복한 유년 시절을 보냈습니다.

머큐리의 가족은 아름답기로 유명한 잔지바르 스톤타운에 위치한 해변이 보이는 집에서 살았습니다.

일찍 접한 음악

머큐리는 잔지바르에 위치한 성공회교도 학교에 재학하며 수녀들에게 수업을 받았습니다. 그러나 머큐리의 부모는 8살 때 그를 인도에 있는 학교로 보내기로 했습니다.

그는 인도 뭄바이 동남쪽에 위치한 빤찌가니에 세인트 피터스 처치 오브 잉글랜드 학교로 전학 갔습니다.

영국 교회 학교였음에도 불구하고 세인트 피터스 학교는 모든 종교의 학생들을 받아들였고, 머큐리는 재학시절 조로아스터교 교리를 충실히 따랐습니다.

학교에 있는 시간을 제외하고는 뭄바이에 있는 이모와 조부모와 시간을 보내며 점점 음악에 대한 사랑을 키워갔는데, 이때 그가 친구들과 처음으로 결성한 밴드가 'The Hectics'입니다.

머큐리는 1963년 잔지바르로 돌아갑니다. 1963년은 잔지바르가 영국으로부터 독립한 해입니다.

머큐리는 이곳에서 마지막 학교생활을 마치게 됩니다.

당시 함께 학교에 다니던 친구들에 따르면 그는 종종 친구들과 수영과 자전거 타기를 즐겼습니다.

그의 친구 본조 헤르난데즈는 "머큐리는 항상 '똑똑하게' 옷을 입었어요"라며 머큐리를 회상했습니다.

그러나 좋은 시절도 오래 가지 않았습니다. 1964년 혁명이 일어났고 군림하던 아랍 엘리트층은 붕괴하고, 이 과정에서 최소 17,000명이 목숨을 잃었습니다.

이후 잔지바르와 탕가니카가 합병하며 탄자니아가 됐습니다. 당시 많은 사람이 그랬듯 불사라 가족도 군도를 빠져나왔습니다.

영국의 계급문화

영국은 상류층 중산층 노동자계급의 구분이 아직까지도 공공연하게 아주 뚜렷한 편입니다. 단순히 돈이 많고 적음이 아니라 여러 가지 세부적인 기준이 있습니다.

위의 1966년의 영국의 한 신문 기사에 따르면, 연소득과 현재 저축액, 집값, 출신대학, 직업과 인적 네트워크, 취미와 취향 (음악, 스포츠, 미술 등), 거주 지역 등에 따라서 구분됩니다. 여기서 가장 배타적인 계층은 최상위 계급인 'Elite'인데, 이들은 설문에 참여한 이들 중 6%의 비율을 차지했습니다. 영국은 이 기사가 나온 1966년에 비해 귀족 계급과 노동자 계급은 줄어들고 중간 계층인 미들클래스가 늘어나긴 했다지만 아직도 차별이 존재합니다. <후식>과 관련된 표현을 예를 들어 보자면, '디너'와 마찬가지로 후식(sweet) 역시 단어 자체는 계급표시기가 아니나 잘못 사용하면 그렇게 됩니다. 중상층과 상류층은 식사 후의 단맛 나는 후식을 '푸딩(pudding)'이라 표현하고, '스위트(sweet)' '에프터(after)' '디저트(desert)'라는 용어를 사용하지 않습니다. '스위트'라는 단어는 형용사로는 얼마든지 사용할 수 있으나 명사로는 사탕의 하나로 미국인들이 얘기하는 '캔디(candy)'입니다. 식사의 마지막 코스는 여하 간에 '푸딩'이 되어야 합니다. 케이크 조각도, 레몬 소베트도 '푸딩'일 뿐입니다. 식사를 마칠 무렵 "혹시 여기 스위트를 원하는 사람이 있느냐" 물으면 금방 중산층이나 그

이하 신분으로 분류되어 버립니다.

취미도 계급을 알아볼 수 있는 지표가 되기도 하는데 가령 '성인 남자가 친구가 되려면?'이라는 물음에 상류층(upper-class)은 크리켓 경기 등을 함께 관람, 중산층(middle-class)은 럭비 경기를 보러감, 노동자 계급(working-class)은 함께 축구장에 다녀옴으로 그 대답이 달라집니다.

상대방이 말하는 내용을 제대로 듣지 못했을 때 상류층은 'what?' 중산층은 'sorry?' 노동자 계급은 'pardon?'으로 물어봅니다.

심지어 이름의 스펠링 변화에도 계급이 있고 아예 이름 자체에도 공공연하게 계급이 있다고 합니다. 대표적인 상류층 이름은 Elizabeth, Eleanor, Isabella, Eloise, Charlotte, Audrey, Catherine등 대부분 classic한 이름들이 많습니다. 스펠링에 전혀 변화를 안주고 진짜 오래되었을 법한 이름들을 많이 선호합니다. 대표적인 중산층 이름은 Jessica, Madison, Amanda, Abigail, Ava, Evelyn, Faith, Haper같은 이름들이며 드라마나 영화에 이름이 나오면 그 해에 그 주인공 이름을 가진 신생아들 숫자가 늘어나기도 합니다. 마지막으로 대표적 하류층 이름인 Catlyn와 같은 스펠링을 쓴다면 백인하류층이거나 흑인 게토로 봅니다. Lakeisha, 등 스펠링을 꼬아놓았거나 'la'가 들어갔거나 그런 비슷한 이름들이 이에 속하는 경우가 많습니다.

이외에도 영국에서 배우라는 직업은 전통적으로 상류층이 많이 종사하였는데 이는 전통적인 셰익스피어 연극배우들이 귀족이었던 것과 연관이 있습니다. 영국 전체 인구 중 사립학교 출신은 7%이지만 오스카를 수상한 영국 배우 중 67%, 영국 아카데미 시상식 수상자 42%가 사립학교 출신이라는 사실이 이를 반증해줍니다. 워킹 클래스 계급 배우의 대표인 'Gary Oldman'과 'Liam Neeson'과 같은 배우들은 뛰어난 연기력에도 불구하고 유리천장(Glass Ceiling)을 뚫지 못해 할리우드로 떠나기도 하였습니다. 이와 같이 영국의 가장 어두운 단면이 이런 공공연한 계급문화라고 불리는 이유이기도 합니다.

영화 <Love Actually>

Episode 41 All right, I'll rip it

Karen: One present only each tonight. Who's got one for Dad?

Son: I have

Harry: Let Mummy go first.

Son: I'll get it.

Karen: No, no, no. I want to choose mine.
I think I want... this one.

Harry: I have bought the traditional scarf as well but this is my other, slightly special, personal one.

Karen: Thank you. That's a real first.

Children: Rip it!, What is it?

Karen: I'm going to... All right, I'll rip it.
God, that's a surprise.

Daisy: What is it?

Karen: It's a CD. Joni Mitchell, wow.

Harry: To continue your e-m-o-tional education.

Karen: Yes. Goodness. That's great.

Harry: My brilliant wife.

Karen: Ah, yes.

Actually, do I just absent myself for a second?

All that ice cream. Er...

Darling, could you make sure the kids are ready to go?

Back in a minute.

- (Harry to kids) All right.

Karen: Oh, my God.

It's a miracle. You're all dressed.

Come on, come on, come on, we're horribly late.

Come on, then. In the car. In the car.

* Let Mummy go first: 엄마가 먼저 하시게 둬.

- go first: 먼저 하세요

* this is my other, slightly special, personal one: 약간 특별하고 개인적인 것

* I'll rip it:

- rip:[찢어] 열다

* do I just absent myself for a second? 제가 잠깐 자리를 비워도 될까요?

- absent: 결석하다.

* could you make sure the kids are ready to go?

  - make sure: 확실히 하다

  - be ready to go: 나갈 준비하다

* You're all dressed: 모두 옷 입었구나

* we're horribly late:

  - horribly: 무시무시하게, 끔찍하게 - 매우 많이

Episode 42 Why don't I give you a lift

David: Well, I...just needed Natalie... on some state business.

Daddy: Oh. - Right, yes. Of course.

Right, er...

Well, perhaps you should come on later, Plumpy.

Er, Natalie.

David: I don't want to make you late for the concert.

Natalie: No, it's nothing, really.

Mom: Keith'll be very disappointed.

Natalie: No, really, it doesn't matter.

Mom: The octopus costume's taken me months.

Eight is a lot of legs, David.

David: Mm. Erm...

Listen, why don't I give you a lift and then we can talk about this state business. business in the car.

Natalie: OK.

Family: Lovely, yes. - Thank you.

Driver: Hold tight, everybody.

David: How far is this place?

Natalie: Just round the corner.

David: Ah, right. Well, er... I just wanted to say...

thank you for the Christmas card.

Natalie: You're welcome.

* perhaps you should come on later, Plumpy.:

아마 다음에 오는 게 좋겠다, 포동아.

- should: 충고에 많이 사용한다.

- plumpy: 포동포동 살이 찐

* I don't want to make you late for the concert:

당신을 연주회에 늦지 않게 하고 싶습니다.

- make you late: 늦게 하다, 지각하게 하다

* The octopus costume's taken me months:

- costume: 연극·영화 등에서 의상

- take: 시간의 소요

* why don't I give you a lift: 태워다드리면 어떻겠습니까?

* Hold tight: 꽉 붙잡으세요!

* How far is this place?: 거리가 얼마 됩니까

♣ 미국의 문화 이야기(Winter)

〈Christmas〉

354년, 로마 교회의 리베리우스(Liberius) 교황이 12월 25일 공식적인 '아기 예수님의 탄생일'로 교회력에 공식 절기로 제정하기 훨씬 이전부터 교회들은 성탄절을 기념해 왔습니다. 성탄절이 교회의 절기로 지켜졌다는 최초의 기록은 '필로칼루스 달력'에 나타나는데 336년 복사본을 보면 이 당시 로마에 이미 성탄절과 관련된 풍습이 존재했습니다.

동로마 교회는 성탄절 공식 제정 이전부터 1월 6일을 '공현절(Eppophany)'이라 하여 전통적으로 예수님의 육적 생일뿐만 아니라 영적 생일로 지켜왔는데, 379년에 있었던 동·서로마 교회의 축제일 통일 작업과 431년 에페소 공의회(Council of Ephesus)를 거치며 12월 25일을 크리스마스로, 1월 6일을 공현일로 분리하여 지키게 되었습니다.

사실 12월 25일은 절기상 동지와 가까운 날이기 때문에 로마에서는 '농신제(Satunalia, 농사의 신을 경배하는 축제)가 열렸고 영국, 프랑스, 독일 등 유럽의 다른 나라들에서도 낮이 길어짐을 기념하는 민속 절기 행사를 행하던 때였습니다. 따라서 초기 교회가 세속 문화의 교회 유입을 막아 보려는 노력에도 불구하고 교회의 기독교 문화에 현실적으로 뿌리 깊은 세속 문화의 영향을 원천적으로 차단하기란 불가능했을 것입니다.

그래서 교회는 이들 문화 가운데 나쁜 점은 버리고 좋은 점은 살려 문화 자체를 점차적으로 '기독교화'하게 되었습니다. 그 결과 우리는 오늘날과 같은 형태의 기독교문화로서의 성탄절을 지키게 되었습니다. 지금도 성탄절이 프랑스에서는 '노엘(De noël)', 독일에서는 '바이나흐프(Weihnachten)'라는 용어로 불리는 이유는 과거로부터 내려온 각 나라의 민속 절기의 명칭이 그대로 성탄절에 녹아들었기 때문입니다. 우리나라에서는 1885년 이후부터 해외에서 들어온 선교사들을 통해 성탄절이 전해졌습니다. 우리나라의 성탄절은 당시 여러 나라에서 파견된 선교사의 영향으로 미국과 유럽의 풍습이 혼합된 다양한 모습을 보여주고 있으며 현재는 각 교회마다 예수님의 탄생을 기념하는 풍성한 행사를 통해 아기 예수님의 탄생을 축하하고 있습니다.

※ **겨우살이(mistletoe)**

서양에선 크리스마스 때 겨우살이(mistletoe) 아래서 입맞춤을 하면 영원한 사랑이 이루어진다는 풍습이 있습니다.

* 유래

고대시대부터 시작이 되었는데 미슬토는 행운을 불러온다는 전설이 있습니다. 초대받은 손님은 미슬토 아래에서 호스트의 손등에 키스를 하였다고 합니다.

♣ 미국의 문화 이야기(Winter)

〈Happy New Year〉

미국의 크리스마스는 한국과는 달리 친구나 연인보다는 가족과 보내는 시간이 많습니다. 하지만 오히려 New Year's Day는 그 반대로 가족보다는 친구나 연인과 함께 보냅니다. 정확히 말해서는 신년 첫날 보다는 New Year's Eve인 12월 31일에 주로 친구들과 연인들과 함께 파티를 하며 새해를 맞이할 준비를 하는 것입니다.

전 세계적으로 유명한 새해맞이 이벤트로 꼽히는 타임스퀘어 볼 드롭(Times Square ball drop)이 있습니다. 뉴욕의 타임스퀘어 광장에서 모두 모여서 나무와 철로 만들어진 큰 공이 카운트다운에 맞게 천천히 내려오는 것을 보면서 수백 수천의 사람들과 함께 새해를 맞이하게 됩니다. 기다리는 시간 동안 여러 명의 유명한 스타들이 나와 공연을 하기도 합니다.

12시 키스(New Year's Kiss)

New Year's Kisss는 새해를 맞이하며 친구나 연인끼리 하는 키스를 말합니다.

Black Eyed Peas

한국에서는 대표적인 설날 음식으로 떡국이 있습니다. 미국에서는 새해를 맞아 black eyed peas를 먹는 문화가 있습니다. black eyed peas(동부 콩)란 하얀 콩에 검정 색 눈처럼 생긴 모양이 있는 콩의 한 종류입니다. 이런 전통이 생긴 유래중 하나는 이 콩이 동전과 닮아서 이것을 먹으면 새해에는 금전적인 복이 올 것이라고 믿기 때문입니다. black eyed peas의 경우, 그냥 콩만 삶아서 먹거나 주로 다른 요리에 섞어 넣거나 스페셜 요리로 만들어 만들어 먹습니다. 'Hopping John Stew'라 부르는 이 요리는 미국 남부지방의 음식문화입니다.

Parades

미국 사람들은 퍼레이드를 좋아하고 즐깁니다. 새해에도 퍼레이드를 하면서 즐기는 사람이 많습니다. 특히 캘리포니아 팬실베니아의 1월1일 장외 축제가 유명합니다.

New Year Resolution

새해 다짐 하는 것을 New Year Resolutions 라고 합니다. 주로 작년에 하기 어려웠지만 노력해서 이루고 싶은 목표를 새해에 세웁니다. 요즘은 특히 다이어트, 운동, 나쁜 습관 버리기 등 본인의 건강을 위한 계획들을 많이 세웁니다.

• [t] Disappearing

t/와 /d/발음이 두 자음 사이에 있을 때는 발음하지 않습니다.

그래서 He doesn't care.을 발음할 때 t를 발음하지 않고 [dʌzn kɛər]로 발음 합니다.

자~ 유의해서 발음해 보세요

used to have [ju:st həv] → [ju:stəv]

what [hwət] → [wət]

some of his books [səm əv his] → [səm əvis]

• 영어 모음과 한국어 모음의 차이 /o/ , /ɔ/ 와 'ㅗ'

우리는 o/ , /ɔ/ 가 'ㅗ'의 발음이라고 생각합니다.

하지만 영어발음의 소리의 원리에는 입의 크기에 따라서 모음의 소리가 결정됩니다.

그런데 /ɔ/와 /a/ 의 입크기는 거의 같아서, 소리도 거의 같습니다.

그래서 많은 미국인들의 경우 둘을 구별하지 않는다고 합니다.

/ɔ/ 를 발음 할 때도 입은 한국어의 'ㅏ'처럼 대신 'ㅗ' 소리를 발음하면 됩니다.

그렇게되면 'ㅏ'소리에 가까운 소리, 즉 네이티브처럼 발음 할 수 있습니다

자~ 유의해서 발음해 보세요

holiday [hɑ́lədéi]
bother [bɑ́ðər]
apologize [əpɑ́lədʒáiz]
involve [invɑ́lv]
wrong [rɔ́:ŋ]

• Love of my life

--- Queen ---

Love of my life, you've hurt me

You've broken my heart and now you leave me

Love of my life, can't you see?

Bring it back, bring it back

Don't take it away from me, because you don't know

What it means to me

Love of my life, don't leave me

You've stolen my love, you now desert me

Love of my life, can't you see?

Bring it back, bring it back (back)

Don't take it away from me

Because you don't know

What it means to me

Obrigado

You will remember

When this is blown over

Everything's all by the way

When I grow older

I will be there at your side to remind you

How I still love you (I still love you)

I still love you

Oh, hurry back, hurry back

Don't take it away from me

Because you don't know what it means to me

Love of my life

Love of my life

Ooh, eh (alright)o

* You've broken my heart and now you leave me

내 마음을 아프게 하고서 이제는 날 떠나는군요

- Broke + someone's heart

~의 마음을 아프게 하다.

* Bring it back

돌려주세요.

-Bring + something + back

~을 가져오다, 회수해오다, 다시 가져다 놓다.

ex) Bring your essay paper back.

에세이 작성한거 다시 가져오도록 해

* You've stolen my love, you now desert me

내 사랑을 훔쳐 가놓고는, 이제 날 버리다니요.

- Desert : (명사) 사막 / (동사) 버리다, 저버리다, 탈주하다.

- Dessert : 후식 / 스펠링이 비슷하므로 헷갈리지 마세요.

ex) He was deserted by his wife.

그는 아내에게 버림받았다.

ex) The villages had been deserted for a long time.

그 마을은 오랫동안 버려져 있었다.

* You will remember when this is blown over.

이 모든 게 끝나면 당신도 떠올릴 거예요.

- Blow over : 사그라들다, 지나가다, 끝나다.

ex) The storm blew over in the last night.

지난밤 폭풍이 지나갔다.

ex) The scandal will soon blow over.

추문은 곳 사라질 것이다.

* I will be there at your side to remind you how I still love you

난 당신 옆에서 내가 얼마나 당신을 사랑하는지 얘기해줄 거예요

- S + be at your side

당신 편에 설게요, 당신 옆에 있을게요

ex) I will be at your side whatever hardships come to us.

어떠한 역경이 와도 나는 당신 옆에 있을게요.

- Remind + somebody(+ of something)

~에게 ~을 상기시키다.

ex) You remind me of my brother.

너를 보니 내 동생이 생각난다. [네가 나의 동생을 상기시킨다.]

ex) I don't like to remind her.

나는 그녀를 기억하기 싫어

* hurry back

어서 돌아와

ex) I'm in a hurry.

나 서둘러야 돼!

ex) Hurry up with scissors. I need them.

그 가위 빨리 써, 나도 그거 필요해

• Bohemian Rhapsody

--- Queen ---

Is this the real life? Is this just fantasy?

Caught in a landslide, no escape from reality

Open your eyes, look up to the skies and see

I'm just a poor boy, I need no sympathy

Because I'm easy come, easy go, little high, little low

Anyway the wind blows doesn't really matter to me, to me

Mama, just killed a man

Put a gun against his head, pulled my trigger, now he's dead

Mama, life had just begun

But now I've gone and thrown it all away

Mama, ooh, didn't mean to make you cry

If I'm not back again this time tomorrow

Carry on, carry on as if nothing really matters

Too late, my time has come

Sends shivers down my spine, body's aching all the time

Goodbye, everybody, I've got to go

Gotta leave you all behind and face the truth

Mama, ooh, (Any way the wind blows)

I don't wanna die

I sometimes wish I'd never been born at all

I see a little silhouetto of a man

Scaramouche, Scaramouche, will you do the Fandango?

Thunderbolt and lightning, very, very fright'ning me

(Galileo) Galileo, (Galileo) Galileo, Galileo Figaro magnifico

I'm just a poor boy, nobody loves me

He's just a poor boy from a poor family

Spare him his life from this monstrosity

Easy come, easy go, will you let me go?

Bismillah! No, we will not let you go

(Let him go!) Bismillah! We will not let you go

(Let him go!) Bismillah! We will not let you go

(Let me go) Will not let you go

(Let me go) Will not let you go

(Let me go) Ah

No, no, no, no, no, no, no

(Oh mamma mia, mamma mia) Mamma mia, let me go

Beelzebub has a devil put aside for me, for me, for me!

So you think you can stone me and spit in my eye?

So you think you can love me and leave me to die?

Oh, baby, can't do this to me, baby!

Just gotta get out, just gotta get right outta here!

Nothing really matters, anyone can see

Nothing really matters

Nothing really matters to me

Any way the wind blows

* Is this just fantasy?

  이거 환상일까?

* Caught in a landslide.

  산사태 속에 묻히다.

  - landslide : 산사태, 압도적인 승리(득표)

    ex) A landslide blocked the railway traffic.

    산사태로 기차가 불통이 되었다.

ex) Napoleon is poised to win a landslide victory.

나폴레옹은 압도적인 승리를 거둘 준비가 되어있다.

* I need no sympathy.

동정 따윈 필요 없어.

- Sympathy : 동정, 연민, 동조, 지지

ex) I have no sympathy for Jan.

나는 얀을 동정하지 않는다.

ex) There was no personal sympathy between them.

그들 사이에는 개인적인 공감이 없었다.

* Because I'm easy come, easy go, little high, little low.

그냥 쉽게 왔다가 쉽게 가버릴테고 고상하지도 않고 비천하지도 않으니까.

- little high, little low

고상하지도 비천하지도 않다.

* Anyway the wind blows doesn't really matter to me.

어디서 시련이 들이닥쳐도 내게 문제될 건 없어.

- Wind blows : 시련이 닥치다.

ex) I promise you that I will be at your side though the wind blows.

맹세할게, 시련이 닥쳐도 난 항상 네 편이야.

- trigger

방아쇠, 작동시키다, 촉발시키다.

ex) The incident triggered a major conflict.

그 사건이 주요 갈등을 촉발시켰다.

* Mama, ooh, didn't mean to make you cry

어머니, 당신을 울게 하고 싶지는 않았어요.

- Mean : 의미하다, 의도하다.

ex) His father meant him to be an engineer.

그의 아버지는 그를 기술자로 만들고 싶어 하셨다.

* Carry on, carry on as if nothing really matters.

앞으로 꿋꿋이 살아가세요, 마치 아무 문제도 없던 것 처럼요.

- Carry on : 계속 움직이다. 투덜대다.

ex) Carry on until you get to the junction.

교차로까지 계속해서 가세요.

- as if : 마치 ~인 것처럼, 흡사 ~와도 같이

ex) Act as if every task you do is really important.

당신이 하는 업무 하나하나가 정말 중요한 것처럼 행동하세요.

* Sends shivers down my spine.

등줄기를 따라 소름이 끼쳐오다.

- Shiver : 전율, 소름, 몸서리

- Spine : 척추

* body's aching all the time.

몸이 항상 쑤셔요.

-Ache(=Aching) : 아프다, 쑤시다, 아픔.

ex) 그는 그녀가 못 견디게 보고 싶었다.

* I've got to go

난 이제 가야해요.

-일상생활에서 자주 쓰이는 표현이니 기억해두세요.

- 구어체로 [I've gotta go] 라고도 많이 씁니다.

* face the truth

진실을 받아들여요.

- Face : 얼굴, 마주하다, 직면하다.

* we will not let you.

당신을 보내주지 않을 거예요.

- let + someone/ somebody + go : ~를 보내주다, ~를 놔두다.

ex) let her go

그녀를 가게 놔둬.

ex) let it be.

그냥 흘러가게 둬(순리대로 되게 놔둬).

* So you think you can stone me and spit in my eye?

당신이 어떻게 나한테 돌을 던지고 침을 뱉을 수 있지?

- Stone : 돌, 돌을 던지다

- Spit : 침, 쇠꼬챙이, 침을 뱉다.

We are the Champion

--- Queen ---

I've paid my dues

Time after time

I've done my sentence

But committed no crime

And bad mistakes

I've made a few

I've had my share of sand kicked in my face

But I've come through(And I need to go on and on, and on, and on)

We are the champions, my friends

And we'll keep on fighting till the end

We are the champions

We are the champions

No time for losers Cause we are the champions

Of the world

I've taken my bows

And my curtain calls

You brought me fame and fortune and everything that goes with it

I thank you all

But it's been no bed of roses

No pleasure cruise

I consider it a challenge before the whole human race

And I ain't gonna lose(And I need just go on and on, and on, and on)

We are the champions, my friends

And we'll keep on fighting till the end

We are the champions

We are the champions

No time for losers Cause we are the champions

Of the world

We are the champions, my friends

And we'll keep on fighting till the end, oh

We are the champions

We are the champions

No time for losers'

Cause we are the champions...

* I've paid my due.

  난 어려움을 견뎠어요.

  - pay the due: 값을 치르다.

* time after time. 계속해서

* I've done my sentence. 난 대가를 치렀어요.

  - have + p.p = 현재완료- 완료

  - my sentence: 1. 문장 2. 선고 3. 처벌 4. 말 5. 글

* I've had my share of sand kicked in my face.

  난 충분히 괴롭힘을 당했고

  - share of sand kicked in my face

  받아야 할 치욕과 설움을 겪다.

* I've come through 결국 이겨냈어요.

  - come through: 어려움을 이겨내다. 회복하다.

* we'll keep on fighting till the end .

  그리고 우린 끝까지 계속 싸워나갈 거에요.

  - Keep on ~ing: 계속해서 ~하다.

  - till the end: 끝까지

* No time for losers.

  패배자를 위한 시간은 없어요

* Cause we are the champions of the world.

  왜냐하면 우리가 이 세상의 승리자이기 때문이에요.

* I've taken my bows

  난 여러분의 환호에 답하고

* (I've taken) my curtain calls

  커튼콜을 받았죠

  - curtain calls: 연극이나 공연이 끝난 뒤 관객의 박수를 받으며 배우들이 무대 위에 나오는 것.

* You brought me fame and fortune and everything that goes with it

  여러분은 내게 명성과 부, 그리고 그에 따른 모든 걸 줬죠.

  - fame: 명성
  - fortune: 행운, 돈
  - go with: ~와 어울리다.

* No pleasure cruise.

  유람선 여행하듯이 즐겁기만 했던 게 아니에요.

* I consider it a challenge before the whole human race.

  난 그것이 모든 인류 앞에 놓인 도전이라고 여겨요.

  - consider: 여기다, 생각하다, 고려하다.
  - the human race: 인류.

• Idiom 〈Music〉

1. A Jam Session

A: Do you have any plan for tomorrow?

B: I'm plannin

g to go to a jam session.

* a jam session: 즉흥 재즈 연주회

2. Blow your own trumpet

A: He's always blowing his own trumpet. It is sick and tired.

B: He did it again?

* Blow your own trumpet: 자랑거리를 늘어놓다, 자화자찬하다.

= Blow your own horn.

3. Change your tune

A: What do you think about a new English teacher?

Don't you think he's really good-looking?

B: A new English teacher? I thought he looks OK.

A: You didn't say that last week.

B: That was last week.

A: You changed your tune.

* Change your tune: 상황에 따라 생각을 바꾸다.

4. Face the music

A: I spoiled my day. What am i supposed to do?

B: Just face the music.

* face the music: 비난을 받다. 결과를 받아들이다.

* 유래

<Face the music>

군대에서 장교를 면직하거나 징계할 때 드럼을 치는데 그 소리를 들어야 한다는 데서 유래되었다고도 하고 공연을 하는 사람이 공연이 시작되면 무대 공포증을 무릅쓰고 관중과 오케스트라가 마주보게 된다는 데서 유래했다고 합니다.

• Idiom 〈Christmas〉

1. Off someone's Christmas card list

   누군가와 절교하다

   ex) I've been off her Christmas card list since last year.

2. Wait for someone under the mistletoe

   누구와 사귀길 기다리다

3. Lit up like Christmas tree

   술취한

   ex) My best friend lit uo like Christmas tree in her brithday party

4. Paint the town red

   : go to a lot of different bars, clubs, etc. and enjoy yourself

   좋은 시간을 가지다

   ex) We'll paint the town red on Christmas day

이 말을 직역하면 '돌아다니며 미친 듯 빨간 페인트칠을 하다'는 뜻입니다. Paint the town red 는 '정신 없이 마시고 놀다'는 뜻이 됩니다.

5. Do a snow job on

속이다

ex) Don't try to do a snow job on me

* 유래

「snow job」은 「권유[설득]하는 말/ 달콤한 말/ 꾸며대는 말」이란 뜻입니다.

「do a snow job on~」이라는 표현으로 기억해 두시면 좋습니다. 이 말은 미국 속어로 「~를 감언이설로 속이다」라는 뜻입니다. 여기서 snow는 「속임」,「기만하는 말(deceitful talk)」, 또는 「속이다」, 「달콤한 말로 현혹하다」라는 뜻입니다.

약속시간에 늦게 나타나서 그럴 듯한 거짓말을 꾸며대는 사람이 있다면 『Don ' t try to snow me.』 또는 『Don ' t try to snow job on me(나를 속이려 들지 마).』라고 따끔하게 한 마디 해 줄 수 있습니다.

특별히 역사적인 유래가 있다기보다는 그저 구어체에서 가볍게 쓰는 표현입니다. 눈(snow)이 세상을 온통 하얗게 뒤덮어버리 듯 어떤것의 실상을 가리고 깨끗하고 순진한 것처럼 속인다는 의미가 배어 있는 말입니다.

한 가지 더, 「do a snow job on~」에서 snow를 빼고 「do a job on~」이라고 하면 「~을 망쳐놓다」, 「손해를 입히다」라는 말입니다. 여기서 job은 속어로 「큰 손해」, 「그르침」이라는 뜻입니다.
집에서 기르는 개가 신발을 물어 뜯어서 망쳐놓았다면 『My puppy did a job on my shoes(강아지가 내 신발을 망쳐놓았습니다).』라고 얘기할 수 있습니다.

6. Egg someone on

누군가가 계속 무엇을 하도록 재촉하다

ex) She like egg him on to have an argument

7. White Christmas

: A white Christmas is a Christmas when it snows

흰눈이 내린 크리스마스

ex) I'm dreaming of a white Christmas

8. Santa clause rally

12월. 주가 폭등, January Effect라고도 한다.

ex) 1000 international stocks that can really take off if there is a Santa Clause rally

* 유래

성탄절 부근을 기점으로 하여 이듬해 초반까지 주가가 상승세를 타는 현상을 가리킴. 연말이 되면서 보너스 증가로 인한 소비지출이 늘어나고, 이로 인해 기업들의 이윤이 증대되는 것이 주된 이유임. 매출이 늘면서 상장사들에 대한 투자 심리가 개선되고, 이에 따라 기업의 배당이 늘어나며, 연말 휴가를 앞둔 기관의 매니저들이 이를 위해 매수 물량을 미리 잡아두면서 증시 상승이 되는 것으로 알려져 있습니다.

Can we predict whether or not you'll have a
White Christmas?

x-markets

Love Expression 65

1. The first duty of love is to listen.
   사랑의 첫 번째 의무는 상대방에 귀 기울이는 것이다.

2. Real love is a permanently self-enlarging experience.
   진정한 사랑은 영원히 자신을 성장시키는 경험이다.

3. A picture is worth a thousand words.
   천 마디의 말보다 한 번 보는 게 더 낫다.

4. Love makes the world go around.
   사랑은 세상을 움직인다.

5. Life is a flower, and love is the honey.
   인생은 꽃이요, 사랑은 그 꿀이다.

6. All you need is love.
   당신에게 필요한 것은 사랑이다.

8. The course of true love never did run smooth.
   진정한 사랑의 여정은 험난하다.

9. Love is merely madness.

사랑은 그저 미친 짓이다.

10. We can only learn to love by loving.

우리는 오로지 사랑을 함으로써 사랑을 배울 수 있다.

11. It's not how much we give, but how much love we put into giving.

얼마나 많이 주느냐보다 얼마나 많은 사랑을 담느냐가 중요하다.

12. The first duty of love is to listen.

사랑의 첫 번째 의무는 상대방 말에 귀 기울이는 것이다.

13. Learning to love yourself is the greatest love of all.

자신을 사랑하는 법을 아는 것이 가장 위대한 사랑이다.

14. Never marry but for love; but see that thou lovest what is lovely.

사랑이 없다면 결혼하지 마라. 다만, 당신이 진정한 사랑을 하고 있는지 살펴봐라.

15. There are many in the world dying for a piece of bread, but there are many more dying for a little love.

세상에는 빵 한 조각 때문에 죽어가는 사람도 많지만, 작은 사랑도 받지 못해서 죽어가는 사람은 더 많다.

16. The magic of first love is our ignorance that it can ever end.
    첫사랑이 신비로운 것은 그것이 끝날 수 있다는 것을 우리가 모르기 때문이다.

17. Don't cry over anyone who won't cry over you.
    당신을 위해 울지 않을 사람 때문에 울지 마라.

18. To the world you may be one person, but to one person you may be the world.
    세상에게 당신은 그저 한 사람일 뿐이지만, 어느 한 사람에게 당신은 온 세상일 수 있다.

19. Love is being stupid together.
    사랑은 함께 바보가 되는 거다.

20. You love me, so I can breath.
    당신이 날 사랑하기에 나는 숨 쉬며 살아간다.

21. Love the heart that hurts you, but never hurt the heart that loves you.
    너를 아프게 하는 마음을 사랑하되, 절대 네가 사랑하는 사람의 마음을 아프게 하지는 마라.

22. Love fails, only when we fail to love.

우리가 사랑하지 않을 때만 사랑은 실패한다.

23. Where there is great love there are always miracles.

위대한 사랑이 있는 곳엔 언제나 기적이 있다.

24. The pain of love is the pain of being alive. It is a perpetual wound.

사랑의 고통은 살아있음의 고통이다. 이건 영구적인 상처이다

25. In dreams and in love there are no impossibilities.

꿈과 사랑에는 불가능한 게 없다.

26. With love and patience, nothing is impossible.

사랑과 인내가 있으면 불가능이란 없다

27. Gravitation is not responsible for people falling in love.

사람이 사랑에 빠지는 것은 중력 때문이 아니다.

28. Love is blind

눈에 콩깍지가 씐다.

29. One cannot love and be wise

사랑을 하면 바보가 된다.

30. Love has no frontier

사랑에는 국경이 없다.

31. No word is more romantic than love

사랑이라는 말보다 더 낭만적인 말은 없다.

32. Love conquers all

사랑은 모든 것을 극복한다.

33. Two people kissing always look like fish. (Andy Warhol)

키스하는 두 사람은 항상 물고기처럼 보인다.

34. Great loves too must be endured. (Gabriel Coco Chanel)

세기의 사랑일지라도 참고 견뎌내야 한다.

35. Love means never saying I'm sorry

사랑은 미안하다고 말하는 것이 아니다.

36. Love is an exploding cigar we willingly smoke.
(Lynda Barry)

사랑은 우리가 기꺼이 피우는 폭발하는 시가이다.

37. Love is, above all else, the gift of oneself. (Jean Anouilh)

사랑은 무엇보다도 자신을 위한 선물이다.

38. To love is to receive a glimpse of heaven. (Karen Sunde)
사랑하는 것은 천국을 살짝 엿보는 것이다.

39. The important thing was to love rather than to be loved. (W. Somerset Maugham)
중요한 것은 사랑을 받는 것이 아니라 사랑을 하는 것이었다.

40. Love looks not with the eyes, but with the mind. (William Shakespeare)
사랑은 눈으로 보지 않고 마음으로 보는 거다.

41. Tis the most tender part of love, each other to forgive. (John Sheffield)
서로를 용서하는 것이야말로 가장 아름다운 사랑의 모습이다.

42. When love is in excess it brings a man no honor nor worthiness. (Euripides)
과도한 사랑은 인간에게 아무런 명예나 가치도 가져다주지 않는다. (에우리피데스)

43. Love is an act of endless forgiveness, a tender look which becomes a habit. (Peter Ustinov)
사랑은 끝없이 용서하는 것이며, 습관으로 굳어지는 상냥한 표정이다.

44. There's always one who loves and one who lets himself be loved. (W. Somerset Maugham)

사랑을 하는 사람과 사랑을 받는 사람은 항상 따로 있다.

45. To love and be loved is to feel the sun from both sides. (David Viscott)

사랑하고 사랑 받는 것은 양 쪽에서 태양을 느끼는 것이다.

46. Love is the difficult realization that something other than oneself is real. (Iris Murdoch)

사랑은 자신 이외에 다른 것도 존재한다는 사실을 어렵사리 깨닫는 것이다.

47. Love all, trust a few. Do wrong to none. (William Shakespeare)

모두를 사랑하되, 몇 사람만 믿어라. 누구에게도 잘못을 저지르지 마라.

48. Love is a gross exaggeration of the difference between one person and everyone else. (William Shakespeare)

사랑이란 한 사람과 다른 모든 사람들 사이에 있는 차이를 심각하게 과장한 것이다.

49. Real love is a permanently self-enlarging experience.

(M. Scott Peck)

진정한 사랑은 영원히 자신을 성장시키는 경험이다.

50. Great services are not canceled by one act or by one single error. (Benjamin Disraeli)

위대한 봉사는 하나의 행위나 단 한 가지 실수로 없어질 수는 없다.

51. Everything that I understand, I understand only because I love. (Lev Tolstoy)

내가 이해하는 모든 것은 내가 사랑하기 때문에 이해한다.

52. Love is or it ain't. Thin love ain't love at all. (Toni Morrison)

사랑은 있거나, 없다.(둘 중 하나다.) 가벼운 사랑은 결코 사랑이 아니다.

53. Love is the triumph of imagination over intelligence. (H. L. Mencken)

사랑은 지성에 대한 상상력의 승리다

54. Nothing takes the taste out of peanut butter quite like unrequited love. (Charles M. Schulz)

짝사랑처럼 땅콩버터 맛을 떨어뜨리는 것은 아무것도 없다.

55. Love is all around.

사랑은 우리 주위에 있다.

56. Only a life lived for others is a life worth while.

(Albert Einstein)

오직 남을 위해 산 인생만이 가치 있는 것이다.

57. Love is everything it's cracked up to be. It really is worth fighting for, being brave for, risking everything for.

(Erica Jong)

사랑은 모두가 기대하는 것이다. 사랑은 진정 싸우고, 용기를 내고, 모든 것을 걸 만하다.

58. If you would be loved, love and be lovable.

(Benjamin Franklin)

사랑 받고 싶다면 사랑하라, 그리고 사랑스럽게 행동하라.

59. Everybody winds up kissing the wrong person good night.

(Andy Warhol)

모든 사람이 끝에는 엉뚱한 사람에게 굿나잇 키스를 하게 된다.

60. Love is the delightful interval between meeting a beautiful girl and discovering that she looks like a haddock.

(John Barrymore)

사랑은 아름다운 여자를 만나서부터 그녀가 꼴뚜기처럼 생겼음을 발견하기까지의 즐거운 시간이다.

61. The enthusiasm of a woman's love is even beyond the biographer's. (Jane Austen)
사랑에 대한 여자의 열정은 전기 작가의 열정을 훨씬 뛰어넘는다.

62. Immature love says, I love you because I need you, mature love says, I need you because I love you.
(Sir Winston Churchill)
미숙한 사랑은 '당신이 필요해서 당신을 사랑한다' 고 하지만 성숙한 사랑은 '사랑하니까 당신이 필요하다' 고 한다.

63. Love is the big booming beat which covers up the noise of hate. (Margaret Cho)
사랑은 증오의 소음을 덮어버리는 쿵쾅대는 큰 북소리다.

64. I cannot think well of a man who sports with any woman's feelings; and there may often be a great deal more suffered than a stander-by can judge of. (Jane Austen)
난 여자의 감정을 농락하는 남자를 좋게 생각할 수 없어. 종종 남들이 생각하는 것보다 훨씬 더 많이 상처 받을 수 있거든.

65. There is always some madness in love. But there is also

always some reason in madness. (Friedrich Nietzsche)

사랑에는 늘 어느 정도 광기가 있다. 그러나 광기에도 늘 어느 정도 이성이 있다.